Rudolf Steurer

Welcher
Wein
zu
welchem
Essen

Albert Müller Verlag
Rüschlikon-Zürich · Stuttgart · Wien

4. Auflage 1989
© Albert Müller Verlag, AG, Rüschlikon-Zürich, 1983. —
Nachdruck, auch einzelner Teile, verboten. Alle Neben-
rechte vom Verlag vorbehalten, insbesondere die Über-
setzungsrechte, die Filmrechte, das Abdrucksrecht für
Zeitungen und Zeitschriften, das Recht zur Gestaltung
und Verbreitung von gekürzten Ausgaben und Lizenz-
ausgaben, Hörspielen, Funk- und Fernsehsendungen
sowie das Recht zur photo- und klangmechanischen
Wiedergabe durch jedes bekannte, aber auch durch
heute noch unbekannte Verfahren.
ISBN 3-275-00830-7. — 23/30-89. Printed in Germany.
Druck: Druckerei Ernst Uhl, Radolfzell

INHALTSVERZEICHNIS

VORWORT

Dieses neue, handliche Taschenbuch setzt die Reihe der Weinbetrachtungen von Dr. Rudolf Steurer fort. Die Betonung liegt auf dem Wort «Betrachtung». Wie ein Ästhet die Wohlgefälligkeit seiner Begleitung betrachtet, seien es Menschen, die ihn umgeben, seien es Künste, denen er zugetan ist und die in seinen Lebensraum passen sollen, so ergeht es dem Gourmet. Er wird sorgfältig seine Speisen wählen, nicht völlen, sondern genießen, und er wird dem Mahle durch das passende Getränk die Krone aufsetzen.

Wenn sich auch Geschmack, Tisch- und Trinksitten im Laufe der Jahrhunderte geändert haben, so gibt es gewisse Grundregeln für das, was zueinander paßt. Die Palette ist in einem großen Bogen gezogen und keiner starren Norm unterworfen. Der kleine Wegweiser soll nicht nur den Geschmack schulen, sondern auch zum Experimentieren anregen. Hat man schon eine gewisse Übung gewonnen, in einem gastlichen Lokal die richtige Weinsorte zu bestellen oder sich vom Fachmann bei der Abstimmung «Speise zu Wein» gut beraten zu lassen, wird man auch Freude daran finden, daheim im geselligen Kreise die richtige Wahl der Weine zu erproben. Es müssen nicht immer die ausgewählt teuersten Sorten und die erlesensten Jahrgänge sein, die man wohl nur mit Kennern genießen wird. Aber der Wein soll zum Essen passen, und nach dem alten Spruch «Übung macht den Meister» wünsche ich dem geneigten Leser: Üben Sie fleißig und Sie werden Freude an der Meisterschaft finden.

Oberschulrat Ernst Faseth

Ehrenpräsident des Verbandes der Köche Österreichs
Ehrenritter der österreichischen Weinbruderschaft

EINFÜHRUNG

Das Schöne am Wein ist: Wer einmal anfängt, sich intensiv mit ihm zu beschäftigen, wird nie mehr damit aufhören und sich auch nie mehr langweilen. Es gibt genügend gute Weine auf der Welt, um sich bis zum neunzigsten Geburtstag bei guter Laune erhalten zu können.

Diese meine Lebensphilosophie über den Umgang mit Wein kann sich an einem großen Vorbild orientieren. Der seinerzeitige deutsche Bundespräsident Dr. Theodor Heuss, der sich schon in jungen Jahren intensiv mit der Kenntnis des Weines beschäftigt und sogar seine Doktorarbeit darüber geschrieben hat, faßte einmal diese Philosphie in die treffenden Worte zusammen:

> «Wer Wein – säuft, sündigt,
> Wer Wein – trinkt, betet.»

Eines ist gewiß: Der Alkohol macht nicht die Faszination des Weines aus. Daher darf und kann man einen Wein nicht einfach als «Alkohol» bezeichnen. Ebensogut könnte man dann eine schöne, attraktive Frau als «Wirbeltier» klassifizieren.

Ein vielfach und gerne zitiertes Sprichwort lautet: «Der Wein segnet die Mahlzeit!» Damit komme ich unmittelbar zur Begründung, warum ich das vorliegende Büchlein geschrieben habe. Genau besehen, sind es zwei Gründe.

Zum einen soll es dem «normalen Durchschnittsmenschen» einen Anhaltspunkt geben, mit welchem Wein er aus der überaus großen Angebotspalette, mit der er heute in jedem Weingeschäft und Warenhaus oder aber im Restaurant konfrontiert wird, seine Mahlzeit, sein Essen vorteilhaft ergänzen und geschmacklich anheben kann. Zum anderen soll es dazu beitragen, die Weinkultur im allgemeinen zu heben und zu fördern. Selbst ein so umfassendes Nachschlagewerk wie beispielsweise das Meyersche Lexikon kennt weder den Begriff «Weinkultur», noch erläutert es ihn. Das spricht nicht gegen das Lexikon, sondern gegen seine Verfasser.

Ich verstehe unter «Weinkultur» einen weitgespannten Bogen von Einzelbegriffen. Diese beginnen mit der Pflege der Reben im Weingarten und setzen sich fort über eine saubere Herstellung des Weines, das richtige Servieren von Wein, die richtige Weintemperatur beim Trinken bis schließlich zur Forderung nach mäßigem Alkoholkonsum.

Um diese Ziele im Rahmen dieser kurzgefaßten Taschenbuchausgabe soweit als möglich verfolgen zu können, habe ich dem eigentlichen Hauptteil, welcher Wein am besten zu den einzelnen Speisen paßt, neben einigen Erläuterungen über Trinktemperatur, das Servieren von Wein, Weingläser und Fachausdrücke auch noch ein kurzes Kapitel über die Weinverkostung (Degustation) beigegeben.

Da die Jahrgänge der Weine im Hinblick auf ihre Qualität bei der Weinauswahl zum Essen eine nicht unerhebliche Rolle spielen können, fügte ich bei den wichtigsten westeuropäischen Weinen neben einigen wenigen, ganz kurz gefaßten Qualitätshinweisen auch eine Jahrgangsbeurteilung hinzu.

Das Leben ist viel zu kurz, um alle Weine zu verkosten, die zu trinken sich lohnte. Man wäre deshalb schlecht beraten, die Zeit an einen schlechten Wein zu verschwenden. Bevor man sich den Magen verdirbt, sollte man lieber einen Wein, an dem man etwas auszusetzen hat, gleich zur Salat-Zubereitung oder zur Essig-Herstellung verwenden. Keinesfalls sollte nach einem gründlichen Studium des vorliegenden Büchleins ein sorgfältig vorausgeplanter Abend mit einem Festessen und entsprechend dazu passenden Weinen ähnlich beurteilt werden, wie dies in den nachfolgenden Worten eines verdrießlich brummenden Mannes zum Ausdruck kommt:

> *Wäre die Suppe so warm gewesen wie der Wein,*
> *wäre der Wein so alt gewesen wie das Huhn,*
> *wäre das Huhn so knusprig gewesen wie das Stubenmädchen,*
> *und wäre das Stubenmädchen so bereitwillig wie die Gastgeberin gewesen −:*
> *es wäre ein perfekter Abend geworden.*

In diesem Sinne hoffe ich, mit diesem Büchlein zu manchem perfekten Essen beitragen zu können; war es im Einzelfall nicht ganz vollkommen, so soll es − so hoffe ich − zumindest nicht am Wein gelegen haben.

Rudolf Steurer

Wein-
auswahl
zum Essen

ALLGEMEINES

Wein dürfte wohl das idealste Getränk zum Essen sein. Denn der Wein schafft eine fröhliche Stimmung, regt zugleich den Appetit an und trägt sicherlich viel zur Geselligkeit bei Tisch bei. Seine eigentliche Aufgabe aber ist es, die servierten Speisen vom Mund bis zum Magen freundlich zu begleiten und den Geschmack der Speisen anzuheben.

Welchen Wein nimmt man aber, wenn man eine Mahlzeit zu einem kleinen oder großen Festessen machen will? Selbst echte Gourmets wissen oft nicht mit Bestimmtheit zu sagen, welcher Wein mit welchen Speisen wirklich gut harmoniert und in echtem Gleichklang steht. Die Wahl des Getränkes ist immer ein ebenso reizvolles wie ungemein subtiles Kapitel der Gourmandise, worüber sich stundenlang angeregt plaudern läßt.

Welche Bedeutung das Thema «Welcher Wein paßt zu welchem Essen» hat, geht aus der folgenden, vielleicht wahren oder auch erfundenen Geschichte hervor. Ein bedeutender Gastronom eines Landes wurde zu einem großen Dîner eingeladen. Als man ihn nach dem Essen fragte, wie ihm das Essen und die Weine geschmeckt hätten, antwortete er: «Ein so hervorragend zubereitetes Wild habe ich genauso selten wie diese ausgezeichnete Beerenauslese genossen. Schade, daß sie sich gegenseitig umgebracht haben.»

Sicherlich gibt es bestimmte Regeln zur Weinauswahl. Aber noch wichtiger als alle von Gourmets oder Küchenchefs aufgestellten Empfehlungen ist der Grundsatz: Man wähle jenen Wein, der einem selbst

11

und den Gästen am besten schmeckt. Wenn man beispielsweise zu einem Fisch unbedingt einen leichten Rotwein trinken will, tue man dies ruhig. Warum auch nicht, gibt es doch an Meeresküsten in südlichen Ländern Restaurants mit gutem und bestem Ruf, die zu Fisch einen süffigen Rotwein kredenzen. Denn alle zur Weinauswahl aufgestellten Regeln werden durch eine Menge anderer Regeln durchbrochen oder abgeändert. Darum: Man sollte für das, was einem schmeckt, auch eintreten, selbst wenn man vielleicht vom Nachbarn scheel angeblickt wird.

Will man von dieser sehr subjektiven Grundregel abgehen und Anhaltspunkte für eigene Überlegungen zur Weinauswahl herausfinden, ist es recht nützlich, auch einige Regeln kennen und beachten zu lernen.

Die zehn Grundregeln des gesunden Menschenverstandes bei der Wahl des Weines

1. *Jeder beim Essen servierte Wein soll den Geschmack der gebotenen Speisen hervorheben oder ihn zumindest ergänzen.*

   Zu einfachen Gerichten gehört ein gewöhnlicher Tisch- oder Landwein; feine und edle Speisen verlangen hingegen einen feinen und eleganten Wein. Die Feinheit eines Gerichtes bestimmt zugleich auch die Noblesse des Weines. Es ist daher nicht denkbar, zu einem gewöhnlichen Eintopfgericht einen Château Lafite-Rothschild zu servieren. Immer sollte man auch vermeiden, zu einer geschmacklich kräftigen Speise einen leichten Wein zu trinken, weil dann der Geschmack des Weines nicht zur Geltung kommen kann.

2. *Zuerst trinkt man jüngere, leichtere Weine; dann serviert man nach und nach die älteren und gehaltvolleren Weine.*

   Ein junger Wein hat immer einen weniger ausgeprägten Geschmack als ein alter Wein. Würde man einen reifen, länger gelagerten Wein zuerst genießen, könnte man die typischen Vorzüge eines jungen, frischen Weines kaum mehr kennenlernen, denn diese würden in den meisten Fällen vom Geschmack des alten, reifen Weines überdeckt werden.

3. *Trockene Weine sollen möglichst vor den süßen gereicht werden.*

Der Grund hierfür liegt darin, daß bei lieblichen oder stark süßen Weinen der Restzuckergeschmack vorherrscht, der den Gaumen rasch übersättigt, was ein trockener, herber Wein ohne Restzucker nicht tut.

Für die Reihenfolge beim *Sekt* oder *Champagner* gilt die Regel, daß man mit den Brut-Qualitäten (Brut = herb, Extra sec = sehr trocken) beginnen und bis zum Ende des Mahles mit den süßeren Qualitäten (Sec = trocken, Demi-sec = halbtrocken, Demi-doux = mild, süßlich, Doux = süß), eventuell sogar mit einem Jahrgangschampagner abschließen soll. Ein herber oder sehr trockener Sekt oder Champagner gehört nicht ans Ende einer Mahlzeit, sondern an den Anfang gestellt.

4. *Weniger aromatische Weine werden vor den aromatischen Weinen gegeben.*

Die Begründung lautet ähnlich wie bei den trockenen und süßen Weinen. Ein Wein mit einem intensiven Aroma bleibt länger auf der Zunge, weshalb man bei einem darauffolgenden weniger aromatischen Wein dessen Aromastoffe nicht mehr wahrnehmen kann.

5. *Die besseren und höherwertigen Weine reiche man immer in aufsteigender Qualitätsreihenfolge.*

Bei einem Essen ist es stets ratsam, nicht von vornherein alle Trümpfe seines Weinkellers auszuspielen, sondern Schritt für Schritt den Genuß der gebotenen Weine spürbar zu steigern. Der kleinere Wein kommt immer vor dem größeren, der gehaltvollere, mächtigere immer nach dem zarteren, leichtgewichtigeren Wein. Der beste Champagner sollte von einem guten Gastgeber nicht zum Beginn, sondern immer erst zum Schluß eines festlichen Essens serviert werden, sozusagen als Krönung des Abends.

6. *Auch wenn eine Mahlzeit aus einer Reihe ähnlicher Gerichte besteht, wende man die aufsteigende Qualitätsreihung an.*

So serviere man beispielsweise zu einem Essen, das aus verschiedenen Fischspeisen besteht, zum ersten Gang einen leichten, frischen Weißwein und zum zweiten Gang einen anderen fruchtigen Weißwein, aber mit mehr Körper (also einen extraktstoffreicheren Wein) oder Aroma. Sollte dann noch ein dritter Gang folgen, empfiehlt sich dazu ein gehaltvoller Weißwein oder ein schmackhafter, mittelschwerer Rosé. Ähnlich sollte man bei einem nur aus Fleischgerichten bestehenden Essen vorgehen. Zuerst mit einem leichten, jungen Rotwein beginnen, dann folgt ein mittelschwerer Rotwein mit mittlerem Körper, und zuletzt schließt man mit einer auf der Höhe ihrer Reife erscheinenden Flasche Rotwein ab.

7. *Die Temperatur eines Weines hat gleichfalls Einfluß auf dessen Genuß.*
Gerade beim Wein vermag die Temperatur die Geruchs- und Geschmacksempfindung ganz erheblich in positiver oder negativer Hinsicht zu beeinflussen. Eine zu niedrige Temperatur beim Wein schwächt die Geruchs- und Geschmacksempfindung ab, während eine zu hohe Temperatur wiederum dem Wein seine Feinheit nimmt, etwa vorhandene Grundfehler deutlicher in Erscheinung treten läßt und ihn nach einigen Schlucken langweilig macht. Deshalb beginnt man mit kälteren Weinen, um nach und nach zu wärmeren Weinen überzugehen, die dabei ihren Duft und Geschmack voll entfalten können. Bei der Temperatur des Weines sollte man beachten, daß im Zimmer ein Wein in der Flasche sehr rasch Wärme annimmt: etwa einen halben bis ganzen Grad Celsius pro halbe Stunde.

8. *Niemals Bier nach Wein servieren.*
Wird bei einem Essen vielleicht auch Bier getrunken, dann achte man darauf, daß dieses niemals nach Wein gereicht wird. Hier gilt der Spruch:

Wein auf Bier – das rat ich dir,
Bier auf Wein – das lasse sein!

9. *Ganz große Spitzengewächse sollte man eigentlich nicht zum Essen trinken.*

Einen großen Wein genießt man nicht bei Mahlzeiten, sondern in besinnlichen Stunden mit vertrauten Freunden oder Verwandten, natürlich immer vorausgesetzt, daß diese von Wein auch etwas verstehen und einen edlen Tropfen zu schätzen und zu würdigen wissen.

Dies gilt im Prinzip auch für Auslesen (Auslesen, Eiswein, Beerenauslesen, Ausbruch, Trockenbeerenauslesen), die immer sehr gehaltvolle Weine mit einer oft überreichen Geschmacksfülle und Süße sind und die sich eben am besten zum langsamen und genußvollen Trinken in Mußestunden eignen. Selbstverständlich können aber auch Auslese-Weine zu einem geeigneten Nachtisch gereicht werden.

10. *Zu gewissen Speisen paßt kein Wein.*

Bestimmte Speisen lassen einen Wein einfach nicht zur Geltung kommen und sollten deshalb ohne Wein angeboten werden. Es sind dies:

– Alle Salate oder Hors d'œuvres (Mixed Pickles etc.), die mit Essig gewürzt sind. Essig ist immer der Todfeind des Weines auf dem Tisch, weil er den Wein geschmacklich ebenfalls zu Essig macht.

– Speisen mit Curry oder anderen starken Gewürzen. Dazu zählen viele japanische oder chinesische Speisen, bei denen vor allem die vielfältigen scharfen, sauren und süßen Saucen verwendet werden. Die Wahl eines passenden Weines für solche Gerichte ist recht schwierig; eventuell könnte dazu ein kräftiger Rotwein passen.

– Schokoladenspeisen (Schokocreme, Schokopudding etc.) und süße, frische Sahne lassen sich mit keinem Wein verbinden, auch mit einem süßen Dessertwein nicht, weil hier der Gaumen mit einer Art Schutzschicht überzogen wird, die den Wein lange Zeit hindurch nicht zur Geltung kommen läßt.

– Zitrusfrüchte, besonders Zitronen, aber auch Orangen, Mandarinen oder Grapefruits, verderben infolge ihres hohen Säuregehaltes jeden Geschmack des Weines.

Wieviele verschiedene Weine soll man bei einem Essen servieren?

Um diese Frage beantworten zu können, muß man von der Anzahl der Gerichte, aus denen sich die ganze Mahlzeit zusammensetzt, ausgehen.

Wird nur ein Hauptgericht, mit oder ohne Suppe vorher, gegeben oder sind die aufgetischten Speisen im Geschmack ziemlich ähnlich, dann genügt ein einziger dazu passender Wein, der mit dem Hauptgericht oder mit allen Speisen harmoniert. Jedenfalls ist es ratsam, bei einem normalen Essen weder bei der Anzahl der gereichten Gänge noch bei den angebotenen Weinen zu übertreiben.

Bei einem etwas anspruchsvolleren Essen mit Fisch- und Fleischgericht unter Freunden im kleinen Kreis genügen durchaus zwei Weinsorten. Meistens dürften es dann ein Weißwein und ein Rotwein sein. Ebensogut können es zwei Weißweine oder zwei Rotweine sein, nur muß dann in einem solchen Fall darauf geachtet werden, daß der leichtere Wein zuerst serviert wird.

Will man ein Essen besonders feierlich gestalten, kann man getrost drei gut ausgewählte Weine auf den Tisch bringen, die harmonisch auf die Speisen abgestimmt sind und der ganzen Mahlzeit eine festliche Note geben.

Bei einem ganz großen Essen mit zahlreichen Gängen kann man auch vier oder fünf verschiedene Weine kredenzen. Aber dazu dürfte sich ein Gastgeber wahrscheinlich nur selten bereitfinden.

Was nun die Anzahl der Flaschen betrifft, so sollte man für ein Essen pro Person mit etwa einer halben bis ganzen Flasche Wein rechnen. Sicherlich wird man zu Beginn des Essens von einem leichteren Wein etwas mehr als später von einem schwereren trinken. Immer sollten aber einige Flaschen Wein vorsorglich in Reserve gehalten werden, denn nichts ist peinlicher für den Gastgeber, als wenn seine Gäste vor leeren Gläsern sitzen müssen.

APERITIFS

Das Wort Aperitif kommt vom lateinischen aperire und heißt öffnen. Ein als Aperitif bezeichnetes Getränk soll also den Magen für die zu erwartenden Speisen öffnen, mit anderen Worten ein Appetitanreger sein. Er hat die Aufgabe, auf die folgenden Speisen einzustimmen, in Mund und Magen die Saftsekretion anzuregen und nicht zuletzt auch zu Beginn der Mahlzeit für eine fröhliche Stimmung der geladenen Gäste zu sorgen. Auch soll er die spätere Verdauung der Speisen fördern, was schließlich auch die Aufgabe eines Digestifs zum Abschluß des Mahles ist.

Dem Anlaß und Essen entsprechend werden oft rustikal einfache oder gehobene bis raffinierte Aperitifs zusammengestellt. Die heute immer noch als klassisch geltende, speziell in besseren Restaurants oft mit sehr wenig Phantasie ausgewählte und in einfacheren Lokalen nachgeahmte Auswahl von Aperitifs wird als bekannt vorausgesetzt und hier keinesfalls zur Nachahmung empfohlen.

Immer mehr Feinschmecker vertreten die Meinung, daß der beste Aperitif zum Essen ein Glas *Champagner, Crémant (Champagner mit besonders feiner Mousse), Sekt, Schaumwein oder ein Glas Sekt-Orange* (ein halbes Glas Sekt vermischt mit einem halben Glas frisch gepreßten Orangensaft) sei. Dieser macht den Anfang eines Essens nicht alkoholschwer und wirkt durch seine Kohlensäure erfrischend und zugleich appetitanregend. Außerdem regt er den Kreislauf an und sorgt bei nüchternem Magen für eine gute Anfangsstimmung, ohne etwa später spürbare Alkoholfolgen herbeizuführen.

In Frankreich nimmt man gerne als Appetitanreger einen *Kir*. Dieser schon vor Jahren vom Bürgermeister von Dijon im Burgund, Domherr Kanonikus Kir, propagierte Aperitif besteht in der Originalversion aus einem Teil Crème de Cassis (Likör aus schwarzen Johannisbeeren) und je nach Geschmack drei bis fünf Teilen Bourgogne aligoté, einem jungen, recht trokkenen, ausgesprochen fruchtigen Burgunder-Wein. Selbstverständlich kann man ebensogut einen anderen Weißwein nehmen; Voraussetzung dazu ist, daß er immer sehr trocken und fruchtig ist. Eine Abart des Kir ist der *Cardinal*, bei dem der Weißwein durch einen Rotwein ersetzt wird. Verwendet man statt des Weißweines einen trockenen Sekt, dann wird daraus ein sogenannter *Kir Royal*, der vielleicht noch köstlicher schmeckt.

Selbstverständlich gilt als ein guter Aperitif auch ein trockener *Sherry*, den schon Shakespeare mit den Worten pries: «Sherry steigt in die Sinne, trocknet den traurigen Nebel, der sie umgibt, und macht sie scharfsinnig, behend und erfinderisch.» Als Aperitif muß er jedenfalls trocken sein und kühl serviert werden. Ebenso passen ein trockener *Madeira* und *Wermutweine* sowie *leichte Roséweine*.

Man kann aber auch als Aperitif durchaus ein «naturbelassenes» Getränk nehmen. Wem würde an einem heißen Sommertag vor dem Essen nicht ein Glas «*G'spritzter*» (trockener Weißwein mit Sodawasser vermischt) oder ein kühles *Bier* schmecken? Auch ein Glas *trockener Weißwein*, wie beispielsweise ein trockener Mâcon blanc, der vielleicht später zur ersten Speise eines Menüs serviert wird, wirkt anregend und einstimmend auf das folgende Essen. Abgeraten sei nur von Cocktails und von Süßweinen als Aperitif, da diese die Geschmackspapillen und den Gaumen schon vor dem Essen zu stark belasten könnten.

KALTE VORSPEISEN (HORS D'ŒUVRES)

Im allgemeinen paßt zu kalten Vorspeisen immer ein

leichter, trockener Rosé oder **Weißherbst.**

Wenn kein Rosé zur Hand ist, kann auch ein leichter Rotwein oder ein leichter, trockener Weißwein genommen werden.

Will man aber einen zu den einzelnen Vorspeisen ganz besonders passenden Wein auswählen, dann sei die Weinauswahl wie folgt empfohlen:

ROHER SCHINKEN

(Lachsschinken, Parmaschinken, westfälischer Rohschinken etc., die auch gerne zusammen mit frischen Feigen, Spargelspitzen oder Zukkermelonen serviert werden):

Trockener Weißwein oder
leichter Schaumwein oder **Sekt.**

Beispiele

Deutschland:

Riesling halbtrocken (Mosel-Saar-Ruwer, Rheinpfalz, Rheingau, Württemberg u. a.) – Silvaner trocken (Rheinhessen, Rheinpfalz, Nahe, Franken u. a.) – Gutedel trocken (Baden u. a.) – Weißer Burgunder (Rheinpfalz, Baden u. a.) – Kerner halbtrocken (Rheinpfalz, Rheinhessen, Württemberg u. a.)

Frankreich:

Graves blanc sec, Entre-deux-mers (weißer Bordeaux) – Bourgogne blanc, Bourgogne aligoté, Mâcon blanc (weißer Burgunder) – Edelzwicker oder Riesling oder Tokay d'Alsace (Elsaß) – Muscadet (Pays Nantais) – Blanc de blancs (Champagne)

Italien:

Cortese di Gavi (Piemont) – Terlaner = Terlano (Südtirol/Alto Adige) – Prosecco di Conegliano-Valdobbiadene, Soave (Venetien) – Tocai (Friaul-Julisch Venetien, Emilia-Romagna, Lombardei u. a.) – Est! Est!! Est!!! (Latium) – Martina Franca (Apulien)

Österreich:

Grüner Veltliner trocken – Rheinriesling trokken – Welschriesling trocken (z. B. aus der Steiermark)

Schweiz:

Dorin (Waadtland: Lavaux, Chablais) – Fendant (Wallis) – Neuenburger Weißwein (Neuchâtel) – Twanner (Bielersee) – Riesling × Sylvaner (Ostschweiz)

EINFACHE FLEISCHVORSPEISEN UND PIKANTE HORS D'ŒUVRES

(Salami, Wurst- oder Fleischaufschnitt etc. mit Rohkost wie Gurken, Tomaten, Karotten):

Leichter, trockener Rosé.

Keinesfalls sollte man liebliche oder süßliche Weine dazu servieren.

Beispiele

Deutschland:
>Rotgold (Baden) – Schillerwein (Württemberg) – Trollinger (Württemberg, Baden)

Frankreich:
>Mâcon rosé (Burgund) – Lirac (Côtes du Rhône) – Côtes du Ventoux rosé (Vaucluse) – Côtes de Provence rosé – Touraine rosé (Coteaux de Touraine) – Sancerre (Nivernais-Berry)

Italien:
>Riviera del Garda (Lombardei) – Lagrein Kretzer = Lagrein rosato (Südtirol) – Castel del Monte rosato, Salice Salentino rosato (Apulien) – Cirò rosato (Kalabrien)

Österreich:
>Rosé (z. B. aus der Wachau, Krems oder Retz) – Schilcher (Weststeiermark u. a.)

Schweiz:
>Gamay rosé (Genf, Waadtland: La Côte) – Oeil de Perdrix (Neuchâtel) – Süßdruck (West- und Ostschweiz)

GEMÜSE- ODER FRUCHT-VORSPEISEN

>(Artischockenböden, Avocados, Fenchel, Palmherzen, Sellerie, kalter Spargel etc. außer Melonen):

>**Leichter, trockener Weißwein.**

Beispiele

Deutschland:
>Riesling halbtrocken (Mosel-Saar-Ruwer, Rheinpfalz, Rheingau u. a.) – Silvaner trocken (Rheinhessen, Rheinpfalz, Nahe, Franken u. a.) – Gutedel trocken (Baden u. a.) – Ehrenfelser trocken (Rheingau) – Muskateller halbtrocken (Rheinpfalz, Baden)

Frankreich:
>Entre-deux-mers (weißer Bordeaux) – Bourgogne aligoté, Petit Chablis (weißer Burgunder) – Jurançon blanc (Provinz Béarn) – Edelzwicker oder Sylvaner (Elsaß) – Muscadet (Pays Nantais) – Blanc de blancs (Champagne)

Italien:

Cortese di Gavi (Piemont) – Terlaner = Terlano (Südtirol) – Prosecco di Conegliano-Valdobbiadene, Soave (Venetien) – Galestro (Toskana)

Österreich:

Grüner Veltliner trocken – Rheinriesling trocken – Welschriesling trocken – Silvaner trocken

Schweiz:

Perlan (Genf) – Dorin (Waadt: La Côte, Bonvillars, Vully) – Fendant (Wallis) – Neuchâtel – Twanner (Bielersee) – Riesling × Sylvaner (Ostschweiz)

MELONEN

(Wasser- oder Zuckermelonen):
Wenn Melonen allein als Vorspeise gegeben werden, so serviert man sie am besten mit einem bereits über die Frucht gegossenen

Süß- oder **Dessertwein**

und reicht dazu keinen Wein.

GÄNSELEBER ODER ENTENLEBER

Hierzu sind die Meinungen der Feinschmecker recht unterschiedlich. Manche bevorzugen zu Gänseleber einen lieblichen, schwereren, manche wiederum einen fruchtigen, halbtrockenen oder auch einen erstklassigen trockenen Weißwein. Auf jeden Fall ist zu einer feinen getrüffelten Gänse- oder Entenleber ein einfacher, vielleicht sogar noch derber Landwein zu vermeiden.
Daher sei empfohlen ein

trockener Weißwein bester Qualität oder **exquisiter natürlicher Süßwein.**

Für die Anhänger der Süßwein-Richtung harmoniert darum vorzüglich ein guter Auslesewein oder noch besser eine Beerenauslese. Man kann auch einen süßen Sherry oder Madeira dazu trinken. Eventuell könnte man auch einmal einen sehr guten Gewürztraminer versuchen.

Beispiele

Deutschland:

Prädikats-Rheinriesling (Mosel-Saar-Ruwer, Rheinpfalz, Rheingau, Württemberg) – Silvaner Spätlese (aus Franken) – Gewürztraminer (Rheinpfalz, Baden, Rheinhessen u. a.)

Frankreich:

Sauternes, Cérons, Barsac (Bordeaux) – Chablis premier cru oder grand cru, Corton-Charlemagne, Puligny-Montrachet (weiße Burgunder) – Château-Grillet (Côtes du Rhône) – Jasnières (Coteaux de Touraine) – Pouilly-sur-Loire, Pouilly-Fumé (Nivernais-Berry) – Picpoul de Pinet (Languedoc-Roussillon)

Italien:

Lugana (Lombardei/Venetien) – Vermentino (Ligurien, Sardinien) – Montecarlo, Vernaccia di San Gimignano (Toskana) – Verdicchio dei Castelli di Jesi (Marken) – Orvieto secco (Umbrien) – Frascati secco, Zagarolo (Latium) – Trebbiano d'Abruzzo (Abruzzen und Molise) – Greco di Tufo (Kampanien)

Österreich:

Rheinriesling trocken (z. B. aus der Wachau) – Rotgipfler – Zierfandler – Beerenauslese (z. B. aus dem Burgenland)

Schweiz:

Féchy, Mont-sur-Rolle (Waadtland: La Côte) – Epesses, Dézaley, Saint-Saphorin (Waadtland: Lavaux) – Yvorne, Aigle (Waadtland: Chablais) – Johannisberg, Malvoisie flétri, Ermitage (Wallis)

PASTETEN

(Hauspasteten, Geflügelpasteten, Kalbspasteten, Wildpasteten; Terrinen etc.):
Bei diesen Pasteten muß man unterscheiden, ob sie aus dunklem Fleisch (Wild etc.) oder aus weißem Fleisch (Kalb, Geflügel etc.) hergestellt wurden. – Man kredenze zu

Wildpasteten einen **Rosé** oder einen **milden Rotwein,** zu *Terrinen* vielleicht einen **etwas kräftigeren Rotwein,** zu *Kalbspasteten* einen **spritzigen Weißwein,** zu *Geflügelpasteten* einen **trockenen, vollmundigen Weißwein.**

Beispiele

Deutschland:

Weißherbst (Rheingau, Rheinhessen, Rheinpfalz, Baden, Franken, Ahr) – Trollinger (Württemberg) – Assmannshäuser (Rheingau) – Riesling trocken (Mosel-Saar-Ruwer, Rheinpfalz, Rheingau, Württemberg u. a.) – Ruländer trocken (Baden, Rheinpfalz, Rheinhessen)

Frankreich:

Côtes de Provence rosé – Beaujolais (Burgund) – Rotwein von den Côtes de Provence – roter Côtes du Rhône – Pinot blanc, Mâcon blanc

Italien:

Lagrein Kretzer = Lagrein rosato (Südtirol) – Soave, Valpolicella (Venetien) – Chianti (Toskana) – Pinot bianco (Friaul-Julisch Venetien, Venetien)

Österreich:

Rosé (z. B. aus Krems) – Blauer Portugieser – St. Laurent – Grüner Veltliner trocken – Weißburgunder

Schweiz:

Süßdruck (West- und Ostschweiz) – Salvagnin (Waadtland) – Fendant, Pinot gris = Malvoisie (Wallis)

GERÄUCHERTE FISCHE

(Räucheraal, Räucherlachs etc.):

Am besten reiche man dazu einen

leichten, trockenen bis mittelschweren Weißwein.

Beispiele

Deutschland:

> Silvaner, Riesling, Müller-Thurgau (Franken) – Gutedel (Baden u. a) – Rieslaner (Franken u. a.) – Riesling (Mosel-Saar-Ruwer, Rheinpfalz, Rheingau, Württemberg u. a.) – Kerner (Rheinpfalz, Rheinhessen, Württemberg u. a.) – Scheurebe trocken (Rheinhessen, Rheinpfalz, Nahe, Franken)

Frankreich:

> Cérons, Graves blanc sec (Bordeaux) – Chablis (Burgund) – Montravel, Rosette (Bergerac) – Hermitage blanc, Condrieu (Côtes du Rhône) – Clevner und Gewürztraminer (Elsaß) – Touraine, Vouvray (Coteaux de Touraine) – Champagner

Italien:

> Weißer Etschtaler = Valdadige bianco (Südtirol) – Bianco di Custoza (Venetien) – Orvieto secco (Umbrien) – Colli Albani, Colli Lanuvini, Frascati secco (Latium)

Österreich:

> Weißburgunder – Grüner oder Frühroter Veltliner, Rheinriesling – Steinfeder (Wachau)

Schweiz:

> Pinot blanc (Westschweiz) – Fendant (Wallis), Dorin oder Terravin (Waadt)

KAVIAR:

> Nach russischer Sitte wird gerne zu einem Kaviar ein eisgekühlter *Wodka* getrunken. Dagegen ist sicherlich nichts einzuwenden, wenn Kaviar das Hauptgericht bildet. Wird aber Kaviar als Vorspeise gereicht, dann ist von einem Wodka abzuraten, weil sonst die weitere Weinauswahl zu den folgenden Speisen äußerst problematisch wird. Daher reiche man zum Kaviar als kalte Vorspeise möglichst einen
>
> **trockenen Sekt** oder
> **Champagner brut.**

Hat man keinen Sekt oder Champagner zur Hand, kann man ohne weiteres auch einen sehr trockenen Weißwein anbieten.

HUMMER UND LANGUSTEN, kalt:

Dazu empfiehlt sich ein

eher trockener, nicht zu herber, kräftiger Weißwein.

Beispiele

Deutschland:

Trockener Riesling, auch Spätlese, wenn trocken (Mosel-Saar-Ruwer, Rheinpfalz, Rheingau, Württemberg u. a.) – Ruländer vom Kaiserstuhl (Baden) – einige Jahre gealteter Silvaner (Rheinhessen, Rheinpfalz, Nahe, Franken)

Frankreich:

Graves blanc (Bordeaux) – Chablis, Meursault, Mâcon blanc, Pouilly-Fuissé (weißer Burgunder) – Pacherenc du Vic Bilh (Jurançon) – Saumur (Anjou-Saumur) – Quincy, Pouilly-Fumé, Sancerre (Nivernais-Berry)

Italien:

Soave (Venetien) – Pigato di Albenga, Vermentino (Ligurien u. a.) – Marino secco, Montecompatri-Colonna, Trebbiano (Latium u. a.) – San Giorgio del Sannio (Kampanien) – Locorotondo, Martina Franca (Apulien) – Nuragus di Cagliari (Sardinien)

Österreich:

Trockener Rheinriesling, auch Spätlese (z. B. aus der Steiermark oder dem Burgenland) – Welschriesling trocken (z. B. aus der Steiermark)

Schweiz:

Dorin (Waadtland: Lavaux, Chablais) – Fendant (Wallis) – Chardonnay (Westschweiz, Bielersee) – Räuschling (Zürichsee, Kohlfirst)

AUSTERN:

Es gibt zwei Hauptsorten davon: die klassische, flache «Belon» und die unregelmäßige,

einem Pferdehuf ähnelnde «Portugaise».
Zu beiden paßt ein

sehr trockener Weißwein oder
trockener Schaumwein (Champagner, Sekt).

Führende Restaurants offerieren zu Austern
auch leichte, frische Rotweine mit Kellertemperatur. Keinesfalls darf man jedoch harte Getränke (Schnaps, Wodka etc.) dazu trinken, weil
sonst die Austern im Magen «versteinern».

Beispiele

Deutschland:
> Sehr trockener Riesling bester Qualität (Mosel-
> Saar-Ruwer, Rheinpfalz, Rheingau u. a.) –
> Weißburgunder (aus Baden, Rheinpfalz)

Frankreich:
> Graves blanc sec, Entre-deux-mers (Bordeaux) –
> Chablis premier cru oder grand cru, Corton-
> Charlemagne, Puligny-Montrachet, Pouilly-
> Fuissé (Burgund) – Château-Grillet (Côtes du
> Rhône) – Bergeron (Savoyen) – Muscadet (Pays
> Nantais) – Pouilly-Fumé, Reuilly (Nivernais-
> Berry) – Blanc de blancs (Champagne)

Italien:
> Lugana (Lombardei, Venetien) – Vermentino
> (Ligurien, Sardinien) – Montecarlo, Vernaccia
> di San Gimignano (Toskana) – Verdicchio dei
> Castelli di Jesi (Marken) – Orvieto secco (Umbrien) – Frascati secco, Zagarolo (Latium) –
> Greco di Tufo (Kampanien) – Torbato di Alghero secco (Sardinien)

Österreich:
> Rheinriesling trocken (z. B. aus der Wachau)

Schweiz:
> Féchy, Epesses, Dézaley, Saint-Saphorin,
> Yvorne, Aigle (Waadtland: La Côte, Lavaux,
> Chablais)

SCHALENTIERE UND MEERESFRÜCHTE
> (Krevetten, Muscheln, rohe Sardellen = Anchois, Seeigel, kleine Tintenfische = Calamari; Meeresfrüchtecocktails etc.):

Leichte, trockene, spritzige oder **leicht säuerliche Weißweine.**

Beispiele

Deutschland:

Riesling trocken (Mosel-Saar-Ruwer, Rheinpfalz, Rheingau u. a.) – Ehrenfelser trocken (Rheingau) – Ruländer halbtrocken (Badische Bergstraße)

Frankreich:

Entre-deux-mers (Bordeaux) – Bourgogne aligoté, Petit Chablis, Mâcon blanc (weißer Burgunder) – Jurançon blanc (Provinz Béarn) – Edelzwicker (Elsaß) – Muscadet (Pays Nantais) – Reuilly, Sancerre (Nivernais-Berry)

Italien:

Cortese di Gavi (Piemont) – Terlaner = Terlano (Südtirol) – Prosecco di Conegliano-Valdobbiadene (Venetien) – Bianco della Lega, Galestro (Toskana)

Österreich:

Grüner Veltliner trocken – Rheinriesling trocken

Schweiz:

Perlan (Genf) – Dorin (Waadtland) – Neuchâtel – Twanner, Schafiser (Bielersee) – Gutedel (Baselbiet)

TRÜFFELN:

Am besten trinkt man dazu einen

bukettreichen Rotwein oder
trockenen Schaumwein (Sekt, Champagner)

Beispiele

Deutschland:

Spätburgunder (Baden, Württemberg, Rheingau, Rheinhessen, Ahr u. a.)

Frankreich:

Fixin, Volnay, Mercurey (roter Burgunder) – Côtes du Rhône Villages – Châteauneuf-du-Pape (Côtes du Rhône)

Italien:

Barbaresco, Gattinara (Piemont) – Cabernet (Südtirol u. a.) – Chianti Classico, Tignanello (Toskana) – Montepulciano d'Abruzzo (Abruzzen und Molise)

Österreich:

Cabernet – St. Laurent – Blaufränkisch – Blauburgunder

Schweiz:

Pinot noir, Dôle (Wallis) – Merlot del Ticino (Tessin)

SUPPE

Immer wieder wird die Frage gestellt, wann eine Suppe serviert wird, wenn im ausgewählten Menü auch eine Vorspeise vorgesehen ist. Grundsätzlich wird eine Suppe immer vor einer *warmen* Vorspeise oder nach einer *kalten* Vorspeise gereicht.

Was die Weinwahl betrifft, so gilt hierzu der Grundsatz, daß zu einer Suppe im allgemeinen kein Wein serviert wird.

Dazu gibt es Ausnahmen:

SUPPE ALS HAUPTGERICHT

(Suppentopf = Pot au feu, kleiner französischer Sonntags-Suppentopf = Petite Marmite etc.): Bildet eine Suppe das Hauptgericht, also wenn beispielsweise mittags oder abends nur eine kräftige Suppe mit Brot oder vielleicht auch mit einem Stück Käse oder Wurst zum Essen vorgesehen ist, dann wählt man dazu einen

einfachen, eher robusten und derben weißen oder **vielleicht auch roten Tafelwein,**

niemals aber einen feinen, hochwertigen Qualitätswein.

Beispiele

Weiße und rote Landweine aus allen Ländern, wie beispielsweise Gutedel oder Portugieser, Trollinger (Deutschland), Grüner Veltliner oder Blauer Portugieser (Österreich), Neuenburger oder Bielersee-Weißweine, Dorin, Gamay oder Goron (Schweiz).

MIT WEIN VERBESSERTE SUPPE:

Wird bereits beim Kochen einer Suppe zur Verbesserung Wein zugesetzt, dann wird der

gleiche Wein

gereicht, der bereits beim Kochen der Suppe verwendet wurde.

Weitere Ausnahmen:

Zu FISCHSUPPEN (Bouillabaisse, Bourride, einfache Fischsuppe, Fischfiletsuppe, Matrosensuppe etc.) paßt recht gut ein

trockener Rosé oder
ganz trockener, leichter Weißwein.

Beispiele

Deutschland:

Weißherbst trocken (Rheingau, Rheinhessen, Rheinpfalz, Baden, Franken, Ahr) – Trollinger (Württemberg)
oder
Gutedel trocken (Baden u.a.) – Silvaner (Rheinhessen, Rheinpfalz, Nahe, Franken u.a.) – Muskateller (Rheinpfalz, Baden) – Scheurebe (Rheinhessen, Rheinpfalz u.a.)

Frankreich:

Lirac (Côtes du Rhône) – Côtes de Provence rosé – Touraine rosé (Coteaux de Touraine)
oder
Bourgogne aligoté, Mâcon blanc (weißer Burgunder) – Côtes de Provence blanc – Edelzwicker (Elsaß) – Muscadet (Pays Nantais)

Italien:

Chiaretto del Lago di Iseo, Riviera del Garda rosato (Lombardei) – Lagrein Kretzer = Lagrein rosato (Südtirol) – Brindisi rosato (Apulien)
oder
Terlaner = Terlano (Südtirol) – Soave (Venetien) – Est! Est!! Est!!! secco (Latium)

Österreich:

Rosé (z. B. Krems oder Burgenland) oder Grüner Veltliner trocken

Schweiz:

Süßdruck (West- und Ostschweiz) oder Perlan (Genf) – Dorin (Waadtland: La Côte, Chablais: Bex; Bonvillars) – Vully (Waadtland, Fribourg) – Neuchâtel – Twanner, Schafiser (Bielersee)

Zu einer AALSUPPE (Hamburger, Holländische, Pariser Aalsuppe etc.) nehme man einen

würzigen Weißwein mit ausgeprägtem Sortencharakter.

Beispiele

Traminer oder Gewürztraminer (Deutschland, Frankreich, Österreich, Schweiz) oder Traminer aromatico, Moscato (Italien).

Zu einer richtig KRÄFTIGEN SUPPE (Gulaschsuppe, Zwiebelsuppe, Käsesuppe, Hülsenfrucht-Eintopf etc.) paßt am besten ein

Bier

oder bei einer Zwiebelsuppe, Käsesuppe vielleicht auch ein

einfacher, trockener Weißwein.

WARME VORSPEISEN

(Geflügelkroketten, Kalbsmilken, Käseauflauf, Omeletten, Poschierter Fisch etc.)

Mit Ausnahme von Schnecken und Pilzen passen zu warmen Vorspeisen am besten

leichte oder mittelschwere, eventuell auch **aromatische Weißweine.**

Beispiele

Deutschland:

Gutedel (Baden) – Kerner (Rheinpfalz, Rheinhessen, Württemberg u. a.) – Huxelrebe (Rheinhessen u. a.) – Müller-Thurgau (Rheinhessen, Rheinpfalz, Baden, Mosel-Saar-Ruwer u. a.)

Frankreich:

Sauvignon blanc: Graves, Sauternes, Barsac (Bordeaux) – Bourgogne aligoté, Petit Chablis (weißer Burgunder) – Touraine (Coteaux de Touraine) – Sancerre (Nivernais-Berry) – Cheverny (Val de Loire)

Italien:

Müller-Thurgau, Terlaner = Terlano (Südtirol) – Soave (Venetien) – Weißwein (Friaul-Julisch Venetien)

Österreich:

Grüner Veltliner – Müller-Thurgau

Schweiz:

Perlan (Genf) – Dorin (Waadtland) – Fendant (Wallis) – Twanner (Bielersee) – Riesling × Sylvaner (Ostschweiz)

Zu einzelnen warmen Vorspeisen sei im besonderen empfohlen:

GEFÜLLTE PASTETEN (NACH KÖNIGINART, NACH TOULOUSER ART, KARDINALPASTETE ETC.) UND KRAPFEN (GEFLÜGELKRAPFEN, KÄSEKRAPFEN, SARDINENKRAPFEN ETC.):

Kräftiger, eventuell bukettreicher Weißwein
oder
Rosé oder **leichter, zartherber Rotwein.**

Beispiele

Deutschland:

Ruländer (Baden u. a.) – Silvaner Spätlese (Rheinhessen, Rheinpfalz, Nahe, Franken u. a.) – Muskateller (Rheinpfalz, Baden)
oder
Weißherbst (Rheingau, Rheinhessen, Rheinpfalz, Baden, Franken, Ahr) – Schillerwein (Württemberg)
oder
Trollinger (Württemberg)

Frankreich:

Pinot blanc, Muscat d'Alsace (Elsaß)
oder
Mâcon rosé (Burgund) – Côtes du Ventoux

(Vaucluse) – Lirac (Côtes du Rhône) – Côtes de Provence rosé – Arbois (Côtes du Jura)
oder
leichter Côtes du Rhône rouge – Coteaux du Tricastin rouge (Vaucluse) – leichter Coteaux du Loir rouge (Val de Loire)

Italien:
Gewürztraminer = Traminer aromatico (Südtirol) – Pinot grigio (Friaul-Julisch Venetien) – Bianco di Custoza (Venetien)
oder
Lagrein Kretzer = Lagrein rosato (Südtirol) – Castel del Monte rosato (Apulien)
oder
Casteller (Trentino) – Kalterersee = Lago di Caldaro (Südtirol) – Bardolino, Valpolicella (Venetien)

Österreich:
Welschriesling – Muskat – Silvaner – Traminer
oder
Rosé (Burgenland)
oder Blauer Portugieser – Blaufränkisch

Schweiz:
Fendant, Heida = Païen (Wallis) – Traminer (Ostschweiz) – Räuschling (Zürichsee, Kohlfirst)
oder
Süßdruck (West- und Ostschweiz)
oder
Gamay (Genf) – Salvagnin (Waadtland)

HUMMER, LANGUSTEN, ANDERE KRUSTENTIERE, warm (Krebse, Scampi etc.):

Runder, extraktreicher Weißwein,

der nicht allzu herb ist und eventuell auch aromatisch sein kann.

Beispiele

Deutschland:
Ruländer (Baden/Kaiserstuhl, Rheinpfalz, Rheinhessen) – Weißer Burgunder (Rheinpfalz, Baden u. a.) – Gewürztraminer (Rheinpfalz, Baden, Rheinhessen u. a.)

Frankreich:

Graves blanc (Bordeaux) – Corton-Charlemagne, Puligny-Montrachet, Meursault, Pouilly-Fuissé (weißer Burgunder) – Palette (Provence) – Arbois (Côtes du Jura) – Bergeron (Savoyen) – Pouilly-Fumé (Nivernais-Berry)

Italien:

Gewürztraminer = Traminer aromatico, Moscato, Pinot bianco (Trentino u. a.) – Pinot grigio (Friaul-Julisch Venetien)

Österreich:

Ruländer, eventuell auch Spätlesen oder Auslesen – Weißburgunder – Gewürztraminer

Schweiz:

Johannisberg, Heida oder Païen (Wallis) – Chardonnay (Westschweiz, Bielersee) – Gewürztraminer (Ostschweiz)

MEERESFRÜCHTE, GEGRILLT ODER GEBACKEN

(Hummer, Krevetten, Shrimps etc.):

Frischer, etwas bukettintensiver Weißwein.

Beispiele

Deutschland:

Müller-Thurgau (Rheinhessen, Rheinpfalz, Baden, Mosel-Saar-Ruwer u. a.) – Faber – Kanzler – Muskateller (Rheinpfalz, Baden) – Septimer – Silvaner (Rheinhessen, Rheinpfalz, Nahe, Franken) – Kerner (Rheinpfalz u. a.)

Frankreich:

Sauvignon blanc: Graves, Sauternes, Barsac (Bordeaux) – Muscat d'Alsace (Elsaß) – Sancerre (Nivernais-Berry) – Cheverny (Val de Loire)

Italien:

Moscato d'Asti (Piemont) – Moscato Trentino (Trentino) – Müller-Thurgau (Südtirol) – Sauvignon (Friaul-Julisch Venetien oder Südtirol) – Bianco di Custoza (Venetien)

Österreich:

Müller-Thurgau – Muskat-Silvaner – Muskateller

Schweiz:

Heida (Wallis) − Riesling × Sylvaner (Thunersee, Ostschweiz)

SCHNECKEN UND PILZE

(Champignons, Eierschwämme = Pfifferlinge,
Morcheln, Reizker, Steinpilze etc.):

Leichter oder mittelschwerer Rotwein

von guter Qualität, eventuell auch leichter
Weißwein.

Beispiele (nur Rotwein)

Deutschland:

Trollinger (Württemberg) − Portugieser (Rheinpfalz, Rheinhessen, Württemberg u. a.) − Limberger (Württemberg) − Ahr-Wein

Frankreich:

Bourgogne Grand Ordinaire, Bourgogne rouge, Fixin, Beaune, Pommard, Mercurey, Mâcon rouge, Beaujolais (Burgund) − Bourgueil
(Coteaux de Touraine) − Coteaux du Loir rouge
(Val de Loire) − Côtes du Roussillon (Roussillon) − Corbières (Languedoc-Roussillon)

Italien:

Donnaz (Aostatal) − Grignolino (Piemont) −
Kalterersee Auslese = Lago di Caldaro, Lagrein
dunkel = Lagrein scuro (Südtirol) − Bardolino,
Valpolicella (Venetien) − Terrano (Friaul-Ju-
lisch Venetien) − Chianti (Toskana) − Rosso
Conero (Marken) − Taurasi (Kampanien) −
Savuto (Kalabrien)

Österreich:

Blauer Portugieser − Blaufränkisch − Zweigelt −
Blauburger

Schweiz:

Gamay (Genf) − Salvagnin (Waadtland) − Dôle
(Wallis) − Blauburgunder = Clevner (Zürichsee, Bündner Herrschaft, St. Galler Rheintal)

TEIGWAREN UND REIS

NUDELGERICHTE:

Wenn ein Nudelgericht als *Hauptgericht* gegeben wird, dann reiche man dazu am besten einen

kernigen, herben Rotwein.

Bilden jedoch diese Gerichte bei den Mahlzeiten nur ein *Zwischengericht*, dann gilt teilweise in Abweichung zur obigen Regel folgendes:

NUDELN, SPAGHETTI, MAKKARONI, HÖRNCHEN ETC. MIT BUTTER UND KÄSE SOWIE RISOTTO UND NOCKEN = GNOCCHI:

Leichter, trockener Weißwein.

Beispiele

Deutschland:

Trockener Riesling (Mosel-Saar-Ruwer, Rheinpfalz, Rheingau, Württemberg u. a.) – trockener Gutedel (Baden) – trockener Silvaner (Rheinhessen, Rheinpfalz, Nahe, Franken u. a.)

Frankreich:

Entre-deux-mers (Bordeaux) – Bourgogne aligoté, Petit Chablis, Mâcon blanc (weißer Burgunder) – Edelzwicker (Elsaß) – Muscadet (Pays Nantais) – trockener Touraine (Coteaux de Touraine)

Italien:

Cortese di Gavi (Piemont) – Terlaner = Terlano (Südtirol) – Prosecco di Conegliano-Valdobbiadene, Soave (Venetien) – Galestro (Toskana)

Österreich:

Grüner Veltliner trocken – Rheinriesling trocken – Welschriesling trocken – Silvaner trocken

Schweiz:

Perlan (Genf) – Dorin (Waadtland: La Côte, Chablais) – Fendant (Wallis) – Vully (Fribourg) – Neuchâtel – Twanner (Bielersee)

SPAGHETTI MIT FISCHSAUCE:

Leichter, trockener Weißwein.

Beispiele

Deutschland:

Trockener Riesling (Mosel-Saar-Ruwer, Rheinpfalz, Rheingau, Württemberg u. a.) – trockener Gutedel (Baden) – Müller-Thurgau (Franken, Rheinhessen, Rheinpfalz) – Bacchus (Franken)

Frankreich:

Entre-deux-mers (Bordeaux) – Mâcon blanc (Burgund) – Muscadet, Sancerre, Pouilly-Fumé (Val de Loire) – Zwicker oder Edelzwicker (Elsaß)

Italien:

Cortese di Gavi (Piemont) – Terlaner = Terlano (Südtirol) – Soave (Venetien) – Galestro, Vernaccia di San Gimignano (Toskana) – Albana di Romagna (Emilia Romagna) – Tocai (Friaul) – Verdicchio (Marken)

Österreich:

Trockener grüner Veltliner – trockener Welschriesling (Steiermark, Burgenland) – Sauvignon blanc (Steiermark)

Schweiz:

Perlan (Genf) – Dorin (Waadtland: La Côte; Chablais: Bex; Bonvillars, Côte de l'Orbe) – Leichter Fendant (Wallis) – Neuchâtel – Twanner (Bielersee)

SPAGHETTI, NUDELN, MAKKARONI ETC. MIT SCHWEREN, GEHALTVOLLEN SAUCEN

(Fleisch-, Rahm-, Tomatensauce etc.):

Leichter, süffiger Rotwein.

Beispiele

Deutschland:

Trollinger (Württemberg) – Limberger (Württemberg) – Portugieser (Rheinpfalz, Rheinhessen, Württemberg u. a.) – Samtrot (Württemberg)

Frankreich:

Côtes de Bourg rouge (Bordeaux) – Bourgogne passe-tout-grain, Beaujolais (Burgund) – Côtes du Rhône rouge – Bellet (Provence) – Touraine rouge, Chinon (Coteaux de Touraine)

Italien:

Rotwein (Südtirol) – Bardolino, Valpolicella (Venetien) – Terrano (Friaul-Julisch Venetien) – Elba rosso (Toskana)

Österreich:

Blauer Portugieser

Schweiz:

Gamay (Westschweiz, ausgenommen Neuchâtel) – Leichtere Blauburgunder = Clevner (Ostschweiz) – Merlot del Ticino VITI (Tessin)

LOTHRINGER KÄSEKUCHEN

(Quiche Lorraine):

Frischer, aromatischer Weißwein,
am besten aus der Region.

Beispiele

Deutschland:

Müller-Thurgau (Rheinhessen, Rheinpfalz, Baden, Mosel-Saar-Ruwer u. a.) – Scheurebe (Rheinhessen, Rheinpfalz) – Muskateller (Rheinpfalz, Baden) – Morio-Muskat (Rheinpfalz, Rheinhessen)

Frankreich:

Sauvignon blanc: Graves, Sauternes, Barsac (Bordeaux) – Gewürztraminer, Muscat d'Alsace (Elsaß) – Sancerre (Nivernais-Berry)

Italien:

Gewürztraminer = Traminer aromatico, Moscato Trentino (Trentino, Südtirol) – Sauvignon (Südtirol) – Bianco di Custoza (Venetien) – Zibibbo (Pantelleria)

Österreich:

Müller-Thurgau – Muskat-Silvaner – Muskateller – Traminer

Schweiz:

Traminer oder Gewürztraminer (Bielersee, Ostschweiz) – Riesling × Sylvaner (Ostschweiz)

KÄSENUDELN, KÄSEAUFLAUF, KÄSESPÄTZLE:

Kräftiger Rosé, eventuell auch ein **kräftiger Weißwein**

Beispiele für Roséweine

Deutschland:

Weißherbst (Rheingau, Rheinhessen, Rheinpfalz, Baden, Franken, Ahr) – Trollinger (Württemberg) – Schillerwein (Württemberg)

Frankreich:

Béarn rosé (Provinz Béarn) – Lirac, Tavel (Côtes du Rhône) – Côtes du Ventoux rosé (Vaucluse) – Bandol rosé (Provence) – Rosé de Loire (Coteaux de Touraine) – Vin de Corse rosé (Korsika)

Italien:

Lagrein Kretzer = Lagrein rosato (Südtirol) – Vesuvio rosé (Kampanien) – Brindisi rosato, Salento rosato, Salice Salentino rosato (Apulien) – Cirò rosato (Kalabrien)

Österreich:

Rosé (Burgenland)

Schweiz:

Gamay rosé (Genf, Waadtland: La Côte, Wallis) – Oeil de Perdrix (Wallis, Neuchâtel) – Schiller (oberes Churer Rheintal) – Süßdruck (Ostschweiz)

NUDEL-SCHINKENAUFLAUF (SCHINKENFLEK-
KERL), SCHINKENSPÄTZLE:

Mittelschwerer, kräftiger Rotwein.

Beispiele

Deutschland:
Assmannshäuser (Rheingau) – Ahr-Wein –
Limberger (Württemberg)

Frankreich:
Graves rouge, Saint-Estèphe, Pomerol, Fron-
sac (roter Bordeaux) – Fixin, Morey-Saint-De-
nis, Nuits-Saint-Georges, Beaune, Pommard,
Mercurey (roter Burgunder) – Côtes du Rhône
– Côtes de Provence – Bandol (Provence) –
Chinon (Coteaux de Touraine) – Corbières
(Languedoc-Roussillon)

Italien:
Grignolino (Piemont) – Marzemino Trentino
(Trentino) – Südtiroler Rotwein – Lambrusco
(Emilia-Romagna) – Chianti, Elba rosso, San-
giovese (Toskana u. a.) – Ischia rosso, Taurasi
(Kampanien)

Österreich:
Blaufränkisch – Zweigelt – St. Laurent

Schweiz:
Salvagnin (Waadt) – Dôle (Wallis) – Blauburgunder = Clevner (Ostschweiz)

CANNELLONI, CAPPELLETTI, GRÜNE NUDELN
ÜBERBACKEN = LASAGNE VERDE AL FORNO, RA-
VIOLI (MIT FLEISCH), TORTELLINI ETC.:

Mittelschwerer, nobler, reifer Rotwein.

Beispiele

Deutschland:
Spätburgunder (Baden, Württemberg, Rhein-
gau: Assmannshäuser, Rheinhessen, Ahr u.a.)
– Trollinger trocken (Württemberg)

Frankreich:
Graves rouge, Saint-Julien, Saint-Emilion,
Pomerol, Fronsac (roter Bordeaux) – Fixin,

Beaune, Pommard, Mercurey (roter Burgunder) – Béarn (Provinz Béarn) – Côtes du Rhône – Côtes de Provence – Bandol (Provence) – Côtes du Roussillon (Roussillon)

Italien:

Donnaz (Aostatal) – Dolcetto, Gattinara, Grignolino (Piemont) – Kalterersee Auslese = Lago di Caldaro, Lagrein dunkel = Lagrein scuro (Südtirol) – Valpolicella Superiore (Venetien) – Refosco (Friaul-Julisch Venetien) – Lambrusco (Emilia-Romagna) – Chianti, Sangiovese (Toskana, Marken u. a.) – Taurasi (Kampanien)

Österreich:

Blaufränkisch – St. Laurent – Zweigelt

Schweiz:

Gamay (Genf) – Salvagnin (Waadt) – Dôle (Wallis) – Merlot del Ticino VITI (Tessin)

PIZZA

Pizza-Gerichte werden gerne als Hauptgericht oder als Imbiß aufgetischt. An Hand der sogenannten klassischen Pizzas seien folgende Empfehlungen zur Weinauswahl gegeben:

PIZZA NAPOLETANA

(Brotteig, Tomaten, Mozzarella, Sardellen, Origano, Olivenöl):

Junger, frischer Rosé, eventuell auch ein **leichter junger Rotwein.**

Beispiele

Deutschland:

Weißherbst (Rheingau, Rheinhessen, Rheinpfalz, Baden, Franken, Ahr) – Schillerwein (Württemberg)
oder
Trollinger (Württemberg)

Frankreich:

Lirac (Côtes du Rhône) – Côtes du Ventoux rosé, Coteaux du Tricastin rosé (Vaucluse) – Côtes de Provence rosé – Arbois (Côtes du Jura)

oder

Bourgogne Grand Ordinaire, Bourgogne passe-tout-grain (Burgund) – Côtes du Rhône rouge – Coteaux du Loir rouge (Val de Loire)

Italien:

Riviera del Garda rosato (Lombardei) – Lagrein Kretzer = Lagrein rosato (Südtirol) – Castel del Monte rosato, Salice Salentino rosato (Apulien)
oder
leichter Rotwein (Südtirol) – Bardolino, Valpolicella (Venetien)

Österreich:

Rosé (Wachau, Krems oder Retz)
oder
leichter Blaufränkisch

Schweiz:

Gamay rosé (Genf, Waadt: La Côte) – Süßdruck (West- und Ostschweiz)
oder
Gamay (Genf) – Dôle oder Goron (Wallis)

PIZZA MARGHERITA

(Brotteig, Tomaten, Parmesan, Mozzarella, Basilikum, Olivenöl):

Leichter, trockener, junger frischer Weißwein, eventuell auch **leichter Rotwein**

Beispiele für frische Weißweine

Deutschland:

Trockener Gutedel (Baden u.a.) – trockener Silvaner (Rheinhessen, Rheinpfalz, Nahe, Franken u.a.)

Frankreich:

Entre-deux-mers (Bordeaux) – Bourgogne aligoté, Mâcon blanc (weißer Burgunder) – Côtes du Jura blanc – Muscadet (Pays Nantais) – Touraine blanc (Coteaux de Touraine) – Edelzwicker oder Sylvaner (Elsaß)

Italien:

Terlaner = Terlano (Südtirol) – Prosecco di Conegliano-Valdobbiadene, Soave (Venetien) – Galestro (Toskana)

41

Österreich:

Trockener Grüner Veltliner

Schweiz:

Dorin (Waadtland: La Côte) – Fendant (Wallis) – Vully (Fribourg) – Neuchâtel – Twanner, Schafiser (Bielersee)

PIZZA ROMANA

(Brotteig, Tomaten, Salami, Sardellen, grüne Oliven, Parmesan, Mozzarella, Olivenöl):

Leichter, trockener, frischer Weißwein oder
trockener Perlwein oder
leichter, trockener Rosé.

Beispiele

Deutschland:

Trockener Gutedel (Baden) – trockener Riesling (Mosel-Saar-Ruwer, Rheinpfalz, Rheingau, Württemberg u. a.)
oder
Weißherbst (Baden) – Schillerwein (Württemberg)

Frankreich

Entre-deux-mers (Bordeaux) – Bourgogne aligoté, Mâcon blanc (Burgund) – Edelzwicker (Elsaß) – Touraine blanc (Coteaux de Touraine)
oder
Gaillac rosé (Tarn) – Lirac (Côtes du Rhône) – Côtes du Ventoux rosé (Vaucluse) – Côtes de Provence rosé – Arbois (Côtes du Jura)

Italien:

Terlaner = Terlano (Südtirol) – Soave (Venetien) – Galestro (Toskana)
oder
Chiaretto del Lago di Iseo, Riviera del Garda rosato (Lombardei) – Lagrein Kretzer = Lagrein rosato (Südtirol) – Castel del Monte rosato (Apulien) – Cirò rosato (Kalabrien)

Österreich:

Grüner Veltliner trocken
oder
Rosé (Wachau, Krems oder Retz)

Perlan (Genf) – Dorin (Waadtland: La Côte;
Bonvillars) – Vully (Waadt, Fribourg)
oder
Süßdruck (West- und Ostschweiz)

EIERSPEISEN

Zu Eiergerichten passen Weine eigentlich
nicht sehr gut. Denn Speisen, die viel Ei – insbesondere viel Eidotter – enthalten, können
den Geschmack eines Weines eher verderben.
Dies deshalb, weil der Dotter den Gaumen mit
einer hauchdünnen Schicht überzieht, die oftmals einen Wein metallisch schmecken läßt.
Reicht man eine kleine Eierspeise als *Zwischengericht,* dann hat dies kaum einen Einfluß auf
den Wein, der nachher serviert wird. Am besten
kombiniert man ein Ei-Zwischengericht mit
einem blumigen Wein vom Typ eines Traminers
oder Müller-Thurgau. Keinen Wein trinkt man
zu einem Ei nach Austernart (Eidotter mit Zitrone, Salz und Pfeffer) oder zu poschierten
(= verlorenen) Eiern mit Lachspüree oder Kaviar.
Will man zu einer als *Hauptgericht* vorgesehe-
nen Eierspeise einen Wein servieren, so nehme man dazu keinen edlen Wein, sondern
einen einfachen Land- oder Tafelwein, wobei
folgende Empfehlungen zur Weinauswahl gegeben seien:

GERICHTE AUF EIERBASIS

(Spiegeleier = Setzeier, Rühreier, Omeletten,
Eieraufläufe = Soufflées, warme, sogenannte
verlorene oder poschierte Eier, warme weich-
gekochte Eier, warme Eier mit Frischkäse etc.):

Leichter, trockener Weißwein,

der immer ein klein wenig wärmer als normal
(mit etwa 12°C) serviert wird. Für Spiegeleier
(Setzeier), Eieraufläufe oder Soufflées, Pfannkuchen oder Crêpes und Omeletten ist eher ein
Weißwein mit einer vollen und guten Struktur
zu wählen.

Beispiele

Deutschland:
> Trockener Gutedel (Baden u. a.) – trockener Riesling (Mosel-Saar-Ruwer, Rheinpfalz, Rheingau, Württemberg u. a.) – trockener Silvaner (Rheinhessen, Rheinpfalz, Nahe, Franken u. a.)

Frankreich:
> Entre-deux-mers (Bordeaux) – Bourgogne aligoté, Mâcon blanc (Burgund) – Bergerac blanc (Côtes de Bergerac) – Jurançon blanc (Provinz Béarn) – Crépy (Savoyen)

Italien:
> Cortese di Gavi (Piemont) – Terlaner = Terlano (Südtirol) – Prosecco di Conegliano-Valdobbiadene, Soave (Venetien) – Bianco della Lega (Toskana)

Österreich:
> Grüner Veltliner trocken – Rheinriesling trocken

Schweiz:
> Dorin (Waadtland: Lavaux, Chablais) – Fendant (Wallis: Sion) – Neuchâtel – Twanner (Bielersee)

KALTE PLATTE AUF EIERBASIS

> (kalte verlorene oder poschierte Eier, kalte weichgekochte oder hartgekochte Eier etc.):
>
> **Leichter, trockener Weißwein,**
>
> der jedoch etwas kälter (mit etwa 10°C) serviert wird.

Beispiele

> Wie unter «Gerichte auf Eierbasis»

RÜHREIER, SPIEGELEIER ETC. MIT SPECK, SCHINKEN ETC.:

> **Frischer Rosé** oder
> **leichter, süffiger Rotwein.**

Beispiele

Deutschland:

Weißherbst (Rheingau, Rheinhessen, Rheinpfalz, Baden, Franken, Ahr)
oder
Trollinger (Württemberg)

Frankreich:

Lirac (Côtes du Rhône) – Côtes du Ventoux rosé (Vaucluse) – Côtes de Provence rosé – Arbois (Côtes du Jura)
oder
Bourgogne Grand Ordinaire, Bourgogne passe-tout-grain (Burgund) – Saint-Péray rouge (Côtes du Rhône) – Coteaux du Tricastin rouge (Vaucluse) – Touraine rouge (Coteaux de Touraine)

Italien:

Riviera del Garda rosato (Lombardei) – Lagrein Kretzer = Lagrein rosato (Südtirol) – Vesuvio rosé (Kampanien) – Brindisi rosato, Salento rosato (Apulien)
oder
Casteller (Trentino) – leichter Rotwein (Südtirol) – Bardolino, Valpolicella (Venetien)

Österreich:

Rosé (Wachau, Krems oder Retz)
oder
Blauer Portugieser

Schweiz:

Gamay rosé (Genf, Waadtland: La Côte) – Süßdruck (West- und Ostschweiz)
oder
Gamay (Genf, Waadtland, Wallis) – Salvagnin (Waadtland)

GEFÜLLTE EIER, RUSSISCHE EIER, EIERSALAT ETC.:

Trockener, weicher, vollmundiger Weißwein mit gutem Körper (extraktreich).

Beispiele

Deutschland:

Weißer Burgunder (Rheinpfalz, Baden u. a.) –

Ruländer (Baden/Kaiserstuhl, Rheinpfalz, Rheinhessen)

Frankreich:

Palette blanc (Provence) – Vin jaune (Côtes du Jura) – Pinot blanc (Elsaß) – Clairette de Bellegarde (Languedoc)

Italien:

Ruländer (Südtirol) – Pinot grigio (Friaul-Julisch Venetien) – Pinot bianco (Venetien, Friaul-Julisch Venetien)

Österreich:

Weißburgunder – Morillon – Ruländer, auch Spätlese

Schweiz:

Pinot gris = Malvoisie, Johannisberg, Arvine, Ermitage (Wallis) – Grauburgunder (Ostschweiz)

FISCH

Grundsätzlich ist zu sagen, daß zu den meisten Fischen ein

Weißwein

besser paßt als ein Rotwein. Dies deshalb, weil der Weißwein durch seine Frische und Fruchtigkeit den Eigengeschmack des Fisches weitgehend dämpft, während der Rotwein ihn eher hervorhebt. Fisch kann durch Rotwein oftmals einen eigenartigen metallischen Geschmack bekommen, der jeden anderen Eindruck glatt verwischt.

Bei der Weinauswahl zum Fisch ist seine Zubereitungsart sehr ausschlaggebend, im Grunde mehr als der Fisch selbst. Deshalb sei im nachstehenden je nach Zubereitungsart die entsprechende Weinempfehlung gegeben.

GEKOCHTER ODER GEDÜNSTETER FISCH:

Innerhalb eines größeren Speisenmenüs ist Fisch oft gekocht und wird zusammen mit Sahnemeerrettich, Holländischer Buttersauce oder vielleicht auch mit Zitronenbutter serviert. Sehr zarte und delikate Fische ohne Sauce können dabei recht leicht durch einen kräftigen, schweren Wein erdrückt werden. Daher trinke man am besten dazu

leichtere, trockene, fruchtige Weißweine

von guter bis feinster Qualität.

Beispiele

Deutschland:
    Riesling frisch/trocken (Mosel-Saar-Ruwer, Rheinpfalz, Rheingau, Württemberg u. a.) – Gutedel trocken (Baden u. a.) – Weißburgunder (Rheinpfalz, Baden u. a.) – Silvaner spritzig/trocken (Rheinhessen, Rheinpfalz, Nahe, Franken u. a.) – Müller-Thurgau frisch (Rheinhessen, Rheinpfalz, Baden, Mosel-Saar-Ruwer u. a.)

Frankreich:
    Entre-deux-mers (weißer Bordeaux) – Bourgogne aligoté, Chablis oder Petit Chablis, Mâcon blanc (weißer Burgunder) – Jurançon blanc (Provinz Béarn) – Côtes du Jura blanc – Crépy (Savoyen) – Edelzwicker oder Sylvaner (Elsaß) – Muscadet (Pays Nantais) – Touraine blanc sec (Coteaux de Touraine)

Italien:
    Blanc de Morgex (Aostatal) – Cortese di Gavi (Piemont) – Terlaner = Terlano (Südtirol) – Prosecco di Conegliano-Valdobbiadene, Soave (Venetien) – Bianco della Lega, Galestro (Toskana)

Österreich:
    Rheinriesling trocken – Grüner Veltliner trocken – Silvaner trocken – Welschriesling trocken

Schweiz:
    Perlan (Genf) – Dorin (Waadtland: La Côte) – Fendant (Wallis) – Neuchâtel – Twanner, Schafiser (Bielersee)

FLUNDER, HEILBUTT, ROTZUNGE, SCHOLLE, SEE-
ZUNGE, STEINBUTT ETC.:

Ein solcher Fisch verlangt einen

**feinfruchtigen, trockenen Weißwein bester
Qualität.**

Beispiele

Deutschland:

Trockener Prädikats-Riesling (Mosel-Saar-Ruwer, Rheingau) – Weißer Burgunder (Rheinpfalz, Baden u. a.)

Frankreich:

Chablis grand cru oder premier cru, Corton-
Charlemagne, Puligny-Montrachet, Meursault,
eventuell Pouilly-Fuissé (weißer Burgunder) –
Condrieu, Château-Grillet (Côtes du Rhône) –
Bergeron (Savoyen) – Jasnières (Coteaux de
Touraine) – Pouilly-sur-Loire, Pouilly-Fumé
(Nivernais-Berry) – Picpoul de Pinet (Lan-
guedoc-Roussillon)

Italien:

Lugana (Lombardei, Venetien) – Vermentino
(Ligurien, Sardinien u. a.) – Montecarlo, Vernaccia di San Gimignano (Toskana) – Verdicchio dei Castelli di Jesi (Marken) – Orvieto
secco (Umbrien) – Frascati secco, Zagarolo
(Latium) – Trebbiano d'Abruzzo (Abruzzen und
Molise) – Fiano di Avellino, Greco di Tufo (Kampanien) – Torbato di Alghero secco (Sardinien)

Österreich:

Trockener Rheinriesling (Wachau, Krems oder
Heiligenstein)

Schweiz:

Dorin (Waadtland: La Côte mit Luins, Vinzel,
Mont-sur-Rolle, Féchy; Lavaux: Epesses, Saint-
Saphorin; Chablais: Yvorne, Aigle)

GERÄUCHERTER, GEBEIZTER FISCH,

kalt (z. B. Forellenfilets):

Auch geräucherte zarte Flußfische, oft mit Sahnemeerrettich versetzt, werden gerne inner-

halb eines Menüs als Zwischengericht gegeben. Dazu passen die gleichen Weine wie beim gekochten Fisch, nämlich

leichtere, trockene, fruchtige Weißweine.

Beispiele

Wie unter «Gekochter oder gedünsteter Fisch»

GEGRILLTER, GEBACKENER, GEBRATENER FISCH:

Derart zubereitete Fische werden gerne als Hauptgericht genommen. Durch das Braten wird ihr Eigengeschmack stärker betont, weshalb dazu vorzüglich passen:

Mittelschwere, trockene, kräftige Weißweine
oder
trockene Rosés.

Beispiele

Deutschland:

Trockener Riesling, auch trockene Spätlese (Mosel-Saar-Ruwer, Rheinpfalz, Rheingau, Württemberg u. a.) – Ruländer (Baden/Kaiserstuhl) – Kerner trocken (Rheinpfalz, Rheinhessen, Württemberg u. a.) – Scheurebe trocken (Rheinhessen, Rheinpfalz)
oder
Weißherbst (Rheingau, Rheinhessen, Rheinpfalz, Baden, Franken, Ahr)

Frankreich:

Graves blanc, Entre-deux-mers, Premières Côtes de Bordeaux (weißer Bordeaux) – Chablis, Puligny-Montrachet, Meursault, Mâcon blanc, Pouilly-Fuissé (weißer Burgunder) – Pacherenc du Vic Bilh (Jurançon) – Hermitage blanc (Côtes du Rhône) – Riesling, Tokay d'Alsace (Elsaß) – Vouvray blanc, Pouilly-Fumé (Nivernais-Berry) – Saumur (Anjou-Saumur)
oder
Mâcon rosé (Burgund) – Gaillac rosé (Tarn) – Lirac (Côtes du Rhône) – Coteaux du Tricastin (Vaucluse) – Côtes de Provence rosé – Bandol rosé (Provence)

Italien:

Lugana (Lombardei, Venetien) – Soave (Venetien) – Verduzzo (Friaul-Julisch Venetien) – Pigato di Albenga, Vermentino (Ligurien) – Trebbiano (Emilia-Romagna u. a.) – Bianco Pisano di San Torpé (Toskana) – Est! Est!! Est!!!, Marino secco, Montecompatri-Colonna, Velletri (Latium) – San Giorgio del Sannio (Kampanien) – Locorotondo, Martina Franca (Apulien) – Nuragus di Cagliari (Sardinien)
oder
Riviera del Garda rosato (Lombardei) – Lagrein Kretzer = Lagrein rosato (Südtirol) – Vesuvio rosé (Kampanien) – Castel del Monte rosato, Salento rosato (Apulien) – Cirò rosato (Kalabrien)

Österreich:

Trockener Rheinriesling (Steiermark oder Burgenland), auch trockene Spätlesen – Welschriesling trocken
oder
Rosé (Burgenland)

Schweiz:

Dorin (Waadtland: Lavaux, Chablais) – Fendant (Wallis: Sion) – Chardonnay (Westschweiz) – Räuschling (Zürichsee) – Riesling × Sylvaner (Thunersee, Ostschweiz)
oder
Oeil de Perdrix (Wallis, Neuchâtel) – Süßdruck (West- und Ostschweiz)

FISCH IN LEICHTEN, HELLEN SAUCEN

(z. B. mit Champignons, Zwiebeln und Weißwein):
Dazu wird immer jener Wein serviert, der zur Herstellung der Sauce verwendet wurde. Wird bei der Zubereitung der Sauce kein Wein verwendet, dann nehme man

trockene bis halbtrockene Weißweine.

Beispiele

Wie unter «Gegrillter, gebackener, gebratener Fisch»

FISCH IN SCHWEREN CREME-SAUCEN

(z. B. Sahne-Saucen nach Hausfrauenart):

Dazu serviere man am besten

sehr extraktreiche Weißweine.

Beispiele

Deutschland:

Reifer, gelagerter Weißburgunder (Rheinpfalz, Baden u. a.) – Traminer trocken (Rheinpfalz, Baden, Rheinhessen)

Frankreich:

Corton-Charlemagne, Puligny-Montrachet (Burgund) – Vin jaune (Côtes du Jura: Arbois, Château-Chalon)

Italien:

Ruländer (Südtirol) – Pinot bianco (Venetien, Friaul-Julisch Venetien u. a.)

Österreich:

Reifer, gelagerter Weißburgunder

Schweiz:

Pinot gris = Malvoisie, Arvine (Wallis)

FISCH IN ROTWEINSAUCE

(mit Champignons, Krebsschwänzen, kleinen Zwiebeln und Rotwein nach Matrosenart etc.):

Dazu reiche man immer den gleichen

Rotwein,

der zur Saucenherstellung verwendet wurde.

LACHS

warm (vom Grill, gebraten oder poschiert):

Wein zu warmem Lachs ist ein Kapitel für sich, über das Gourmets gerne und lang diskutieren. Manche Feinschmecker trinken dazu gerne einen leichten, zarten Rotwein, andere bevorzugen wieder einen Weißwein als Begleiter.

Hier sei ein

Rosé bester Qualität

empfohlen.

Beispiele

Deutschland:

Weißherbst (Rheingau, Rheinhessen, Rheinpfalz, Baden, Franken, Ahr)

Frankreich:

Irouléguy rosé (Béarn) – Tavel rosé und andere Côtes du Rhône – Bandol rosé (Provence) – Cabernet d'Anjou (Anjou-Saumur)

Italien:

Lagrein Kretzer = Lagrein rosato (Südtirol) – Castel del Monte rosato, Salice Salentino rosato (Apulien) – Cirò rosato (Kalabrien)

Österreich:

Rosé feinster Qualität

Schweiz:

Gamay rosé (Genf, Waadtland: La Côte) – Oeil de Perdrix (vor allem aus Neuchâtel)

AAL:

Ist er *grün mit Dill und Petersilie* zubereitet, empfiehlt sich ein

bukettintensiver Weißwein oder
kräftiger Rosé.

Beispiele

Deutschland:

Traminer oder Gewürztraminer (Rheinpfalz, Baden u. a.) – Scheurebe (Rheinhessen, Rheinpfalz) – Morio-Muskat (Rheinpfalz, Rheinhessen) – Muskateller (Rheinpfalz, Baden)
oder
Weißherbst (Rheingau, Rheinhessen, Rheinpfalz, Baden, Franken, Ahr)

Frankreich:

Gewürztraminer, Muscat d'Alsace (Elsaß)
oder
Tavel rosé (Côtes du Rhône) – Bandol rosé (Provence) – Vin de Corse rosé (Korsika)

Italien:

Moscato Trentino (Trentino) – Gewürztraminer = Traminer aromatico (Südtirol u. a.) oder

52

Lagrein Kretzer = Lagrein rosato (Südtirol) –
Castel del Monte rosato, Salice Salentino rosato (Apulien) – Cirò rosato (Kalabrien)

Österreich:
Traminer oder Gewürztraminer – Muskateller
oder
Rosé (Burgenland)

Schweiz:
Muscat (Wallis) – Riesling × Sylvaner (Schinz-
nach) – Gewürztraminer (Ostschweiz)
oder
Gamay rosé (Genf, Waadtland: La Côte) –
Süßdruck (West- und Ostschweiz)

– Ist er *gebacken oder als Ragout* zubereitet,
empfiehlt sich ein

leichterer Rotwein.

Beispiele

Deutschland:
Portugieser (Rheinpfalz, Rheinhessen, Würt-
temberg u. a.) – Trollinger (Württemberg) –
Limberger (Württemberg)

Frankreich:
Côtes de Bourg (Bordeaux) – Bourgogne Grand
Ordinaire, Bourgogne rouge, Mâcon rouge,
Beaujolais (Burgund) – Côtes du Rhône rouge

Italien:
Casteller (Trentino) – Leichter Rotwein (Südtirol) – Bardolino, Valpolicella (Venetien) – Terrano (Friaul-Julisch Venetien)

Österreich:
Blauer Portugieser

Schweiz:
Gamay (Genf) – Blauburgunder (Ostschweiz,
Bündner Herrschaft)

GEMÜSE

Als Beilage zum Hauptgericht:
Wo Gemüse nur als kleine Beilage zum Fleisch-
gericht gereicht wird, ist bei der Auswahl der
Weine darauf keine Rücksicht zu nehmen.

53

Serviert man jedoch zu Fleischgerichten reichlich Gemüse, dann sollte man die Weine immer ein wenig leichter und milder wählen, als man sie zu dem betreffenden Fleisch nehmen würde.

Als Hauptgericht:

Wird Gemüse zum Hauptgericht erhoben, zum Beispiel in Form einer Gemüseplatte, dann beachte man folgende Weinempfehlungen.

SPARGEL

(z. B. mit holländischer Sauce = Sauce hollandaise):

Dieser ist für die Weinauswahl wegen seines Eigengeschmacks vielleicht etwas schwierig. Daher seien empfohlen:

Fruchtige, zartblumige oder **leicht aromatische Weißweine.**

Beispiele

Deutschland:

Riesling (Mosel-Saar-Ruwer, Rheinpfalz, Rheingau) – Weißer Burgunder (Rheinpfalz, Baden u. a.)
oder
Müller-Thurgau (Rheinhessen, Rheinpfalz, Baden, Mosel-Saar-Ruwer u. a.) – Scheurebe halbtrocken (Rheinhessen, Rheinpfalz)

Frankreich:

Pinot blanc oder Riesling (Elsaß) – Blanc de blancs (Champagne)
oder
Sauvignon blanc: Graves, Sauternes, Barsac (weißer Bordeaux) – Cheverny (Val de Loire) – Sancerre (Nivernais-Berry)

Italien:

Terlaner = Terlano (Südtirol) – Pinot bianco (Venetien, Friaul-Julisch Venetien, Trentino)
oder
Müller-Thurgau (Südtirol) – Bianco di Custoza

(Venetien) – Sauvignon (Friaul-Julisch Venetien, Südtirol)

Österreich:
Rheinriesling – Weißburgunder
oder
Müller-Thurgau – Muskat-Silvaner

Schweiz:
Dorin (Waadtland: Lavaux, besonders Mont-
sur-Rolle) – Fendant, Johannisberg (Wallis)
oder
Riesling × Sylvaner (Ostschweiz, Nordbünden)

GRÜNE BOHNEN, BLUMENKOHL, GRÜNE ERB-
SEN, FENCHEL, GEMÜSELAUCH, LATTICH, MAN-
GOLD, WEISSE RÜBEN, SCHWARZWURZEL,
SPARGELKOHL = BROCCOLI, SPINAT, TOMATEN,
TOPINAMBUR ETC.:

Wie immer diese Gemüsearten auch zubereitet sein mögen, als Begleiter eignen sich am
besten

leichte, süffige Rotweine.

Beispiele

Deutschland:
Portugieser (Rheinpfalz, Rheinhessen, Württemberg u. a.) – Trollinger (Württemberg)

Frankreich:
Bourgogne rouge, Bourgogne passe-tout-grain,
Beaujolais (Burgund) – leichter Côtes du Rhône
rouge – Touraine rouge (Coteaux de Touraine)

Italien:
Leichter Rotwein (Südtirol) – Bardolino, Valpolicella (Venetien)

Österreich:
Blauer Portugieser

Schweiz:
Junger Gamay (Genf, Waadtland) – leichter
Blauburgunder (Ostschweiz)

KARTOFFELN UND KNÖDEL (IN JEDER ZUBEREI-
TUNGSART), AUBERGINEN, WEISSE BOHNEN,
KOHL, SELLERIE, ZUCCHETTI:

Dazu trinke man

mittelschwere, eher kräftige Rotweine.

Beispiele

Deutschland:

Limberger (Württemberg) – Assmanshäuser
Spätburgunder (Rheingau) – Ahr-Weine

Frankreich:

Bordeaux und Bordeaux Supérieur – Mercurey
(Burgund) – Côtes de Buzet (Garonne) – Côtes
du Rhône – Rotweine der Côtes de Provence –
Bandol (Provence) – Chinon (Coteaux de Touraine) – Côtes du Roussillon (Roussillon)

Italien:

Ghemme, Grignolino, Nebbiolo d'Alba (Piemont) – Kalterersee = Lago di Caldaro, Lagrein
dunkel = Lagrein scuro (Südtirol) – Lambrusco
(Emilia-Romagna) – Chianti, Elba rosso (Toskana) – Rosso Conero (Marken) – Taurasi
(Kampanien)

Österreich:

Blaufränkisch – Zweigelt – St. Laurent

Schweiz:

Salvagnin (Waadtland) – Dôle (Wallis) –
Blauburgunder = Clevner (Ostschweiz, z.B.
Hallauer)

ESSIGGEMÜSE = MIXED PICKLES (BLUMENKOHL,
BOHNEN, GURKEN, KÜRBIS, MAISKOLBEN, PEPE-
RONI, ZWIEBELN), ARTISCHOCKEN(BÖDEN),
CORNICHONS, SILBERZWIEBELN ETC.:

Essig ist der Todfeind des Weines. Daher trinke
man zu allen Essiggerichten *keinen* Wein.

SALATE

GRÜNE SALATE (MIT ESSIG UND/ODER ZITRONE
ZUBEREITET), SALAT AUS ESSIGPILZEN, ZWIE-
BELN; SAUERKRAUTSALAT, WURSTSALAT:

Da bei diesen Salaten immer viel Essig bzw. relativ viele Säuren vorhanden sind, passen dazu *keine* Weine.

GEMÜSE-, HERINGS-, MUSCHEL-, GEFLÜGEL- UND FLEISCHSALAT MIT MAYONNAISE SOWIE SCHWEIZER UND HOLLÄNDISCHER KÄSESALAT:

Vertragen sich vortrefflich mit

Roséweinen oder
leichten, hellen Rotweinen oder
würzigen Weißweinen.

Dabei sollte beachtet werden, daß zu Herings-, Geflügel- und Muschelsalat besser Weißweine, hingegen zu Fleisch-, Pilz- und Käsesalat besser Rotweine passen.

Beispiele

Deutschland:

Weißherbst trocken (Rheingau, Rheinhessen, Rheinpfalz, Baden, Franken, Ahr)
oder
Portugieser (Rheinpfalz, Rheinhessen, Württemberg u.a.) – Trollinger (Württemberg)
oder
Gewürztraminer (Rheinpfalz, Baden, Rheinhessen u.a.) – Scheurebe (Rheinhessen, Rheinpfalz) – Muskateller (Rheinpfalz, Baden)

Frankreich:

Lirac (Côtes du Rhône) – Côtes de Provence rosé – Arbois (Côtes du Jura)
oder
Bourgogne Grand Ordinaire, Beaujolais (Burgund) – Côtes du Rhône rouge – Touraine rouge (Coteaux de Touraine)
oder
Gewürztraminer oder Muscat d'Alsace (Elsaß)

Italien:

Lagrein Kretzer = Lagrein rosato (Südtirol) – Castel del Monte rosato, Salice Salentino rosato (Apulien) – Cirò rosato (Kalabrien)
oder

Leichter Rotwein (Südtirol) – Bardolino, Valpolicella (Venetien)

oder

Gewürztraminer = Traminer aromatico (Trentino, Südtirol) – Bianco di Custoza (Venetien)

Österreich:

Rosé

oder

Blauer Portugieser

oder

Traminer / Gewürztraminer – Muskateller

Schweiz:

Leichte, süffige Blauburgunder (Bielersee, Ostschweiz)

oder

Gamay (Genf, Waadtland) – Vully (Waadtland, Fribourg)

oder

Gewürztraminer (Bielersee, Ostschweiz) – Räuschling (Zürichsee, Kohlfirst)

FISCHSALAT:

Wenn dieser Salat mit Öl und wenig Zitrone zubereitet ist, passen recht gut

leichte, frische Weißweine.

Beispiele

Deutschland:

Gutedel (Baden u.a.) – Silvaner (Rheinhessen, Rheinpfalz, Nahe, Franken u.a.) – Riesling (Mosel-Saar-Ruwer, Rheinpfalz, Rheingau, Württemberg u.a.) – Kerner (Rheinpfalz, Rheinhessen, Württemberg u.a.) – Faberrebe

Frankreich:

Entre-deux-mers (Bordeaux) – Bourgogne aligoté, Mâcon blanc (Burgund) – Muscadet (Pays Nantais) – Touraine blanc (Coteaux de Touraine)

Italien:

Blanc de la Salle (Aostatal) – Terlaner = Terlano (Südtirol) – Prosecco di Conegliano-Valdobbiadene, Soave (Venetien) – Trebbiano (Latium u. a.)

Österreich:

Grüner Veltliner – Silvaner

Schweiz:

Perlan (Genf) – Dorin (Waadtland) – Fendant (Wallis) – Vully (Waadtland, Fribourg) – Twanner, Schafiser, Erlacher (Bielersee)

PILZE (siehe Seite 34)

Bilden Pilze das *Hauptgericht,* dann kredenze man dazu

kräftige Rotweine.

Beispiele

Deutschland:

Spätburgunder (Baden, Württemberg, Rheingau: Assmannshäuser, Rheinhessen, Ahr u.a.) – Limberger (Württemberg)

Frankreich:

Saint-Estèphe, Graves rouge, Pomerol, Fronsac (roter Bordeaux) – Fixin, Morey-Saint-Denis, Nuits-Saint-Georges, Beaune, Pommard, Mercurey (roter Burgunder) – Bergerac (Côtes de Bergerac) – Béarn (Provinz Béarn) – Côtes du Rhône rouge – Palette rouge (Provence) – Bourgueil (Coteaux de Touraine) – Corbières (Languedoc-Roussillon)

Italien:

Boca, Ghemme, Grignolino (Piemont) – Botticino (Lombardei) – Marzemino Trentino (Trentino) – Kalterersee Auslese = Lago di Caldaro (Südtirol) – Lambrusco (Emilia-Romagna) – Chianti, Elba rosso, Sangiovese (Toskana) – Rosso Conero (Marken) – Ischia rosso, Taurasi (Kampanien) – Brindisi (Apulien) – Savuto (Kalabrien) – Corvo di Salaparuta rosso (Sizilien)

Österreich:

Blaufränkisch – Zweigelt – St. Laurent – Blauburger

Salvagnin (Waadt) – Dôle (Wallis) – Blauburgunder (Bündner Herrschaft, St. Galler Rheintal) – Merlot del Ticino (Tessin)

GEFLÜGEL

Bei der Wahl des Weines kommt es vor allem
auf die Zubereitung des Geflügels an. Fast
jeder erdenkliche Wein kann zum Trinken genommen werden, je nachdem wie das Hähnchen oder das andere Geflügel zubereitet
wurde. Ob es ein guter Weißwein oder ein
Rosé oder ein milder, leichterer Rotwein ist,
sollte der jeweiligen Laune und dem Geschmack überlassen bleiben.
Die nachfolgenden Empfehlungen müssen daher ziemlich subjektiv ausfallen und sollten
wirklich nur als mögliche Varianten aufgefaßt
werden.

GEFLÜGEL, GEDÜNSTET, GEKOCHT ODER IN HELLER SAUCE

(Hähnchen, Küken, Perlhuhn, Schnepfen,
Tauben, Wachteln etc.):
Diese Zubereitungsart läßt fast jede denkbare
Möglichkeit bei der Auswahl eines Weißwei-
nes zu. Es empfiehlt sich vielleicht am ehe-
sten ein

trockener, vollmundiger Weißwein.

Beispiele

Deutschland:
Riesling (Rheinpfalz, Rheingau u.a.) – Silva-
ner (Rheinpfalz, Rheinhessen, Nahe, Franken)
– Traminer (Rheinhessen, Rheinpfalz, Baden
u.a.) – Kerner (Rheinpfalz, Rheinhessen,
Württemberg) – Faberrebe

Frankreich:
Graves blanc, Entre-deux-mers (Bordeaux) –
Bourgogne blanc, Meursault, Mâcon blanc,
Pouilly-Fuissé (Burgund) – Hermitage blanc
(Côtes du Rhône) – Weißer Riesling oder To-

kay d'Alsace (Elsaß) – Vouvray (Coteaux de
Touraine) – Saumur (Anjou-Saumur) – Pouilly-Fumé, Quincy, Sancerre (Nivernais-Berry)

Italien:

Soave (Venetien) – Verduzzo (Friaul-Julisch
Venetien, Venetien) – Pigato di Albenga, Ver-
mentino (Ligurien u.a.) – Pagadebit, Tocai,
Trebbiano (Emilia-Romagna u.a.) – Est! Est!!
Est!!!, Frascati, Marino secco, Montecompatri-
Colonna, Velletri (Latium) – Capri bianco,
San Giorgio del Sannio (Kampanien) – Marti-
na Franca (Apulien)

Österreich:

Rheinriesling trocken (Steiermark oder Burgenland) – Welschriesling trocken (Steiermark oder Burgenland)

Schweiz:

Dorin (Waadtland: Chablais) – Fendant
(Wallis: Sion)

GEFLÜGEL, GEGRILLT, GEBRATEN, GEBACKEN
(siehe oben):

Dazu sei empfohlen ein

milder bis würziger Weißwein
oder *eventuell auch*
ein süffiger Rosé.

Beispiele

Deutschland:

Silvaner trocken (Rheinhessen, Rheinpfalz,
Rheingau, Baden u.a.) – Riesling (Mosel-
Saar-Ruwer, Rheinpfalz, Rheingau, Württemberg u.a.) – Rieslaner (Franken u.a.) – Optima – Kerner (Rheinpfalz, Rheinhessen, Württemberg u.a.)
oder
Weißherbst (Rheingau, Rheinhessen, Rheinpfalz, Baden, Franken, Ahr) – Trollinger
(Württemberg)

Frankreich:

Cérons (Bordeaux) – Montravel (Bergerac) –

61

Gaillac doux (Tarn) – Vouvray Rosette (Coteaux de Touraine)
oder
Béarn rosé (Provinz Béarn) – Lirac (Côtes du Rhône) – Côtes du Ventoux rosé, Coteaux du Tricastin rosé (Vaucluse) – Côtes de Provence rosé

Italien:

Vermentino (Ligurien, Sardinien) – Bianco di Scandiano semi-secco (Emilia-Romagna) – Orvieto abboccato (Umbrien) – Colli Albani (mild), Colli Lanuvini (mild), Est! Est!! Est!!!, Frascati amabile, Marino amabile, Zagarolo dolce (Latium) – Alcamo amabile (Sizilien)
oder
Lagrein Kretzer = Lagrein rosato (Südtirol) – Vesuvio rosé (Kampanien) – Castel del Monte rosato, Salento rosato (Apulien) – Cirò rosato (Kalabrien)

Österreich:

Neuburger – Frühroter Veltliner – Bouvier – reifer Weißburgunder – Rheinriesling Spätlese – Müller-Thurgau
oder
Rosé (Burgenland oder Steiermark)

Schweiz:

Gamay rosé (Genf, Waadtland: La Côte) – Pinot gris = Malvoisie, Johannisberg (Wallis) – Grauer Burgunder (Ostschweiz)

SCHWERES BRATGEFLÜGEL

(Ente, Fasan, Gans, Rebhuhn, Truthahn, Wildente etc.):
Im allgemeinen verträgt sich diese Speisegruppe nur mit einem

milden, samtigen Rotwein.

Je nach Art des Bratgeflügels kann man dabei feine Weinnuancierungen gelten lassen wie beispielsweise:

GANS:

Hierzu passen am besten alkoholreichere, samtige Rotweine wie zum Beispiel:

Deutschland:
Blauer Spätburgunder (Baden, Rheingau, Ahr)

Frankreich:
Pécharmant (Bergerac) – Cahors (Lot) – Châteauneuf-du-Pape, Gigondas (Côtes du Rhône) – Corbières (Languedoc-Roussillon)

Italien:
Barbaresco, Barolo (Piemont) – Foianeghe rosso (Trentino) – Recioto della Valpolicella Amarone (Venetien) – Sassicaia (Toskana)

Österreich:
Blauburgunder (Rust-Neusiedlersee) – St. Laurent (Burgenland)

Schweiz:
Pinot noir, Dôle Pinot noir (Oberwallis) – Blauburgunder (Bündner Herrschaft) – Merlot del Ticino, Bondola (Tessin)

ENTE UND TRUTHAHNKEULE:

Bei diesem Geflügel kommt es erheblich auf die Art der Zubereitung an. So verlangt beispielsweise ein Canard à l'orange (Ente mit Orangen) einen mittelschweren, ausgereiften Rotwein wie:

Deutschland:
Assmannshäuser (Rheingau) – Ahr-Wein

Frankreich:
Margaux (Bordeaux) – Fixin, Pommard, Volnay, Mercurey, Mâcon rouge (Burgund)

Italien:
Gattinara (Piemont) – Valtellina Superiore (Lombardei) – St. Magdalener = Santa Maddalena (Südtirol) – Gutturnio (Emilia-Romagna) – Chianti Classico (Toskana) – Taurasi (Kampanien)

Österreich:
Blaufränkisch (Burgenland)

63

Schweiz:
>Salvagnin (Waadtland) – Dôle (Wallis)

In anderer Zubereitung passen wiederum besser etwas leichtere Rotweine:

Deutschland:
>Portugieser (Rheinpfalz, Rheinhessen, Württemberg u.a.) – Trollinger (Württemberg)

Frankreich:
>Côte de Beaune Villages, Beaujolais aus einer guten Lage wie Fleurie, Saint-Amour (Burgund) – Saint-Nicolas-de-Bourgueil (Coteaux de Touraine)

Italien:
>Dolcetto (Piemont, Ligurien) – Valpolicella (Venetien) – Dolceacqua (Ligurien) – Tignanello (Toskana)

Österreich:
>Blauer Portugieser

Schweiz:
>Gamay (Westschweiz, ausgenommen Neuchâtel) – Pinot noir (Waadtland: Chablais, besonders Yvorne und Aigle) – Dôle (Wallis) – Merlot del Ticino (Tessin)

INNEREIEN

Hier sollte man bei der Auswahl des Weines zwischen leichten und schweren Innereien unterscheiden.

LEICHTE INNEREIEN

(Bries = Kalbsmilch oder Kalbsmilke, Hirn): Diese verlangen

leichte Weißweine,

sogenannte offene weiße Schoppenweine, keinesfalls allzu edle Weine. Gut dazu kann auch ein helles *Bier* schmecken, wenn zuvor kein Wein serviert worden ist.

Beispiele

Deutschland:
Riesling (Mosel-Saar-Ruwer, Rheinpfalz, Rheingau, Württemberg u.a.) – Gutedel (Baden) – Silvaner (Rheinhessen, Rheinpfalz, Nahe, Franken)

Frankreich:
Entre-deux-mers (Bordeaux) – Bourgogne aligoté, Mâcon blanc (Burgund) – Edelzwicker (Elsaß) – Touraine blanc (Coteaux de Touraine)

Italien:
Terlaner = Terlano (Südtirol) – Prosecco di Conegliano-Valdobbiadene, Soave (Venetien)

Österreich:
Grüner Veltliner

Schweiz:
Perlan (Genf) – Dorin (Waadtland: La Côte, Bonvillars-Côte de l'Orbe) – Fendant (Wallis) – Neuchâtel – Twanner (Bielersee)

SCHWERE INNEREIEN

(Herz, Kaldaunen = Kutteln, Leber, Lunge, Nieren, Zunge):
Hierzu seien

leichte bis mittelschwere Rotweine,

sogenannte offene rote Schoppenweine empfohlen.

Beispiele

Deutschland:
Trollinger (Württemberg) – Ahr-Weine – Limberger (Württemberg)

Frankreich:
Graves rouge (Bordeaux) – Bourgogne Grand Ordinaire, Mâcon rouge, Beaujolais (Burgund) – Côtes du Rhône rouge – Côtes de Provence rouge – Touraine rouge (Coteaux de Touraine)

Italien:
Grignolino (Piemont) – Südtiroler Rotweine – Bardolino (Venetien) – Lambrusco (Emilia-Ro-

magna) – Chianti, Sangiovese (Toskana u.a.)
– Taurasi (Kampanien)

Österreich:
Blaufränkisch

Schweiz:
Gamay (Westschweiz, ausgenommen Neu-
châtel) – Salvagnin (Waadtland) – Dôle
(Wallis) – Merlot del Ticino VITI (Tessin)

GEKOCHTES FLEISCH

Bei Fleisch gibt es eine allgemeine Faustregel:
Zu weißem Fleisch (Kalb, Schwein, Lamm,
Huhn) soll man grundsätzlich Weißwein, zu
dunklem Fleisch (Rind, Wild, Hammel) Rotwein trinken. Selbstverständlich spielt die Zubereitungsart des Fleisches eine große Rolle
bei der Weinauswahl. Insbesondere kommt es
auf die mehr oder weniger stark gewürzte Sauce an, wieweit die obige Grundsatzregel abgeändert werden sollte. Bei jedem scharfen
Fleischgewürz vermeide man jedenfalls große,
edle Weine zu servieren. Denn wenn der köst-
liche Weingeschmack oder das delikate Wein-
aroma durch ein zu kräftiges Gewürz verdeckt
werden, lohnt es sich gewiß nicht, einen edlen
Tropfen zu kredenzen. In einem solchen Fall
biete man einen einfachen, gewöhnlichen
Land- oder Tafelwein oder vielleicht sogar ein
Glas Bier an.

KALBFLEISCH UND SCHWEINEFLEISCH GEKOCHT

(Ragout, Schinken, grüner Speck etc.):
Dazu reiche man am besten

mittelschwere, süffige, milde Weißweine.

Beispiele

Deutschland:
Silvaner (Rheinhessen, Rheinpfalz, Nahe, Franken u.a.) – nicht trockener Riesling (Mosel-Saar-
Ruwer, Rheinpfalz, Rheingau, Württemberg
u.a.) – Kerner (Rheinpfalz, Rheinhessen, Württemberg u.a.) – Optima – Gutedel (Baden)

Frankreich:

Bergerac moelleux (Côtes de Bergerac) – Montravel (Bergerac) – Gaillac (Tarn) – Touraine blanc, Vouvray (Coteaux de Touraine)

Italien:

Bianco di Scandiano semi-secco (Emilia-Romagna) – Orvieto abboccato (Umbrien) – Frascati amabile, Marino amabile (Latium)

Österreich:

Neuburger – Silvaner Spätlese – Rheinriesling Spätlese – Frühroter Veltliner

Schweiz:

Johannisberg (Wallis) – Pinot blanc (Westschweiz) – Grauburgunder = sog. Tokayer (Ostschweiz)

RINDFLEISCH UND HAMMELFLEISCH GEKOCHT

(Irischer Fleischtopf = Irish Stew, Rindsragout, Siedfleisch, Tafelspitz etc.):
Zu diesem dunklen Fleisch sind vorzuziehen

mittelschwere, süffige, milde Rotweine.

Je besser das verwendete Fleischstück ist, desto besser sollte auch die Qualität des ausgesuchten Rotweines sein. Ein zartes, preislich teures Fleisch verlangt eben einen Rotwein bester Qualität.

Beispiele

Deutschland:

Schwarz-Riesling oder Müller-Rebe (Württemberg, Baden u.a.) – Blauer Spätburgunder aus Ortenau (Baden) – Samtrot (Württemberg) – Trollinger (Württemberg)

Frankreich:

Graves rouge, Pomerol (Bordeaux) – Beaune, Beaujolais Villages oder Crus (Burgund) – Côtes du Rhône – Côtes de Provence – Bourgueil (Coteaux de Touraine)

Italien:

Grignolino (Piemont) – Kalterersee Auslese = Lago di Caldaro (Südtirol) – Merlot, Pinot nero

67

(Venetien u.a.) – Lambrusco (Emilia-Romagna) – Chianti (Toskana)

Österreich:
Blauer Portugieser (Retz oder Vöslau) – Zweigelt

Schweiz:
Salvagnin (Waadt) – Blauburgunder (Neuchâtel, Ostschweiz, z.B. Hallauer) – Merlot del Ticino (Tessin)

GEKOCHTER SCHINKEN, GRÜNER SPECK:

Süffige, würzige Weißweine.

Beispiele

Deutschland:
Müller-Thurgau (Rheinhessen, Rheinpfalz, Baden, Mosel-Saar-Ruwer u.a.) – Faberrebe – Muskateller (Rheinpfalz, Baden) – Gewürztraminer (Rheinpfalz, Baden, Rheinhessen u.a.)

Frankreich:
Sauvignon blanc: Graves, Sauternes, Barsac (Bordeaux) – Sancerre (Nivernais-Berry)

Italien:
Moscato d'Asti (Piemont) – Sauvignon (Friaul-Julisch Venetien, Südtirol) – Müller-Thurgau (Emilia-Romagna, Südtirol, Friaul-Julisch Venetien)

Österreich:
Müller-Thurgau – Muskat-Silvaner

Schweiz:
Dorin (Waadtland: Lavaux, besonders Dézaley) – Riesling × Sylvaner (Ostschweiz, Nordbünden)

ZUNGE GEKOCHT UND GEPÖKELT:

Leichter, süffiger Rotwein.

Beispiele

Deutschland:
Trollinger (Württemberg) – Portugieser (Rheinpfalz, Rheinhessen, Württemberg u.a.) –

Spätburgunder (Baden, Württemberg, Rheingau, Rheinhessen, Ahr u.a.)

Frankreich:

Côtes de Bourg (Bordeaux) – Bourgogne Grand Ordinaire, Mâcon rouge, Beaujolais (Burgund) – Saint-Péray rouge (Côtes du Rhône) – Chinon, Touraine rouge (Coteaux de Touraine)

Italien:

Casteller (Trentino) – leichter Rotwein (Südtirol) – Bardolino, Valpolicella (Venetien)

Österreich:

Blauer Portugieser

Schweiz:

Gamay (Westschweiz ohne Neuchâtel) – Blauburgunder (Bielersee, Ostschweiz)

GEBRATENES FLEISCH

Als Faustregel gilt das gleiche wie beim gekochten Fleisch: Weißwein paßt zu weißem Fleisch (Kalb, Schwein, Lamm, Huhn) und Rotwein zu dunklem Fleisch (Rind, Wild, Hammel). Wenn Fleisch mit scharfen Gewürzen (Knoblauch, Paprika, Zwiebel etc.) zubereitet ist, vermeide man einen edlen, teuren Tropfen und kredenze einen einfachen, nicht zu säurearmen Wein.

KALBFLEISCH, SCHWEINEFLEISCH UND LAMMFLEISCH

gebraten (Cordon bleu = gefülltes Schnitzel, Kalbsbraten, mariniertes Kalbfleisch, Kalbshaxen = Kalbsstelze oder Osso buco, Kalbskotelett, Kalbsmedaillon, Kalbsragout, Kalbsschnitzel, Piccata, Schweinsbraten, Schweinskotelett, Schweinslungenbraten, Schweinsrücken, Jungschweinsbraten, Lammbraten, Lammkeule, Lammkotelett, Lammrücken etc.):
Dazu passen am besten

trockene, geschmackvolle Weißweine.

Manche Gourmets bevorzugen aber zu einem größeren Kalbs- und Schweinsbraten auch einen Rosé oder einen mittelschweren, milden Rotwein, zum Beispiel aus der Ahr, Chianti oder andere toskanische Rotweine, Cabernets aus dem Anjou etc., was sicherlich auch nicht abzulehnen ist.

Beispiele

Deutschland:

Riesling (Rheinpfalz oder Württemberg) – Ruländer (Baden, Rheinpfalz, Rheinhessen) – Weißer Burgunder (Rheinpfalz, Baden u.a.) – Silvaner (Rheinhessen, Rheinpfalz, Baden u.a.) – Kerner (Rheinpfalz, Rheinhessen, Württemberg u.a.) – Eventuell auch Rotweine wie Blauer Spätburgunder (Rheingau, Ahr, Baden, Württemberg)

Frankreich:

Graves blanc, Entre-deux-mers (weißer Bordeaux) – Bourgogne blanc, Chablis, Meursault, Mâcon blanc, Pouilly-Fuissé (weißer Burgunder) – Pacherenc du Vic Bilh (Jurançon) – Hermitage blanc (Côtes du Rhône) – Bergeron (Savoyen) – Riesling oder Tokay d'Alsace (Elsaß) – Vouvray (Coteaux de Touraine) – Pouilly-Fumé, Quincy, Sancerre (Nivernais-Berry)

Italien:

Lugana (Lombardei, Venetien) – Bianco di Custoza, Soave (Venetien) – Verduzzo (Friaul-Julisch Venetien u.a.) – Pigato di Albenga, Vermentino (Ligurien) – Montuni del Reno, Pagadebit, Trebbiano (Emilia-Romagna u.a.) – Bianco di Pitigliano, Bianco Pisano di San Torpé (Toskana) – Orvieto (Umbrien) – Colli Albani, Colli Lanuvini, Est! Est!! Est!!!, Frascati, Marino, Montecompatri-Colonna, Velletri (Latium) – Capri bianco (Kampanien) – Locorotondo (Apulien) – Alcamo (Sizilien) – Nuragus di Cagliari (Sardinien)

Österreich:

Grüner Veltliner – Rheinriesling – Welschriesling – Müller-Thurgau – Weißburgunder

70

Schweiz:

Dorin (Waadtland: Chablais) – Fendant (Wallis) – Chardonnay (Westschweiz, Bielersee)

RINDFLEISCH UND HAMMELFLEISCH

gebraten (Châteaubriand = sehr dickes großes Rindsfiletstück, Entrecôte = Zwischenrippenstück, Rindsfilet, Rindsragout = Gulasch, Rindsschmorbraten, Roastbeef = Rostbraten, Sauerbraten, Tournedos = kleine Beefsteaks auf Toast oder mit anderen Garnituren, Hammelbraten, Hammelkeule, Hammelrücken etc.)
vertragen am besten

kräftige, vollmundige Rotweine.

Beispiele

Deutschland:

Blauer Spätburgunder (Baden, Württemberg, Rheingau: Assmannshäuser, Rheinhessen, Ahr u.a.) – Limberger (Württemberg)

Frankreich:

Saint-Estèphe, Graves rouge, Pomerol, Saint-Emilion, Fronsac (roter Bordeaux) – Fixin, Morey-Saint-Denis, Nuits-Saint-Georges, Beaune, Pommard, Mercurey, Beaujolais crus (roter Burgunder) – Côtes de Buzet (Garonne) – Béarn (Provinz Béarn) – Bergerac (Côtes de Bergerac) – Côtes du Rhône – Gigondas, Châteauneuf-du-Pape (Côtes du Rhône) – Bandol, Palette rouge (Provence) – Côtes de Provence – Bourgueil, Chinon (Coteaux de Touraine) – Côtes du Roussillon (Roussillon) – Corbières, Minervois (Languedoc-Roussillon)

Italien:

Donnaz, Enfer d'Arvier (Aostatal) – Dolcetto, Barbera, Boca, Fara, Gattinara, Ghemme, Grignolino, Nebbiolo d'Alba (Piemont u.a.) – Botticino, Valtellina Superiore = Veltliner (Lombardei) – Marzemino Trentino, Teroldego Rotaliano (Trentino) – Kalterersee Auslese = Lago di Caldaro, Lagrein dunkel = Lagrein scuro, St. Magdalener = Santa Maddalena

(Südtirol) – Pinot nero (Venetien, Friaul-Julisch
Venetien) – Refosco (Friaul-Julisch Venetien) –
Dolceacqua (Ligurien) – Bosco Eliceo, Lam-
brusco (Emilia-Romagna u.a.) – Chianti Classi-
co, Elba rosso, Montescudaio rosso, Rosso
delle Colline Lucchesi, Sangiovese, Tignanello
(Toskana u.a.) – Rosso Conero, Rosso Piceno
(Marken) – Ischia rosso, Taurasi (Kampanien) –
Brindisi, Copertino rosso (Apulien) – Aglianico
del Vulture (Basilikata) – Savuto (Kalabrien) –
Corvo di Salaparuta rosso (Sizilien) – Monica
di Sardegna (Sardinien)

Österreich:

Blaufränkisch (Burgenland) – Blauer Burgunder – St. Laurent – Zweigelt – Blauburger –
Blauer Portugieser (Retz)

Schweiz:

Salvagnin (Waadtland) – Pinot noir (Waadtland: Lavaux, besonders Dézaley, Saint-Saphorin; Chablais, besonders Yvorne und Aigle;
Wallis) – Goron und Dôle (Wallis) – Blauburgunder (Bündner Herrschaft)

Will man noch feinere Nuancierungen bei der Weinauswahl dieser Speisengruppe vornehmen, so sei für
besondere Feinschmecker empfohlen:

RINDSFILET:

Deutschland:

Blauer Spätburgunder (Baden, Württemberg,
Rheingau, Rheinhessen, Ahr u.a.)

Frankreich:

Grand cru aus Margaux, Pauillac, Saint-Julien,
Saint-Emilion (große rote Bordeaux) – Gevrey-
Chambertin/Grand cru, Chambolle-Musigny,
Vosne-Romanée, Corton, Volnay (große rote
Burgunder)

Italien:

Gattinara, Lessona (Piemont) – St. Magdalener
= Santa Maddalena (Südtirol) – Chianti classi-
co, Tignanello (Toskana) – Rubesco rosso
(Umbrien) – Montepulciano d'Abruzzo
(Abruzzen und Molise) – Taurasi (Kampanien)

Österreich:
Blauer Burgunder – Blaufränkisch

Schweiz:
Pinot noir (Waadtland: Lavaux, besonders Dézaley; Chablais, besonders Yvorne und Aigle) – Pinot noir oder Dôle Pinot noir (Oberwallis)

RINDSSCHMORBRATEN:

Deutschland:
Blauer Limberger (Württemberg) – Blauer Spätburgunder (Baden, Württemberg, Ahr u.a.)

Frankreich:
Graves rouge, Pomerol, Fronsac (roter Bordeaux) – Pommard, Beaujolais (roter Burgunder) – Côtes du Rhône

Italien:
Nebbiolo (Piemont u.a.) – Kalterersee = Lago di Caldaro (Südtirol) – Refosco (Friaul-Julisch Venetien) – Lambrusco (Emilia-Romagna, Lombardei u.a.) – Chianti, Sangiovese (Toskana u.a.)

Österreich:
Blauer Portugieser

Schweiz:
Salvagnin (Waadtland) – Dôle (Wallis) – Gamay (Westschweiz ohne Neuchâtel) – Merlot del Ticino (Tessin)

STEAK

(Rumpsteak, T-Bone-Steak; Hammelsteak etc.): Die zu Steaks passenden Weine können durchaus etwas anspruchsloser sein. Selbstverständlich passen natürlich qualitativ hochwertige Rotweine auch dazu.

HAMMEL:

Bei der Hammelkeule ergibt sich bei der Weinauswahl eine große Wahlmöglichkeit bis hinauf zu den großen Château-Weinen des Haut-Médoc und den italienischen Spitzenweinen. Die anderen Teile des Hammels sind weniger anspruchsvoll. Hierzu genügt auch ein einfa-

cherer Rotwein, der jedoch immer gehaltvoll
und vollmundig sein sollte.

GRILLSPIESSE

(Filetspieß, Lammspießchen, Leberspießchen,
Kebab, Mixed Grill, Schaschlik, Zigeunerspieß
etc.):

Mittelschwere, süffige Rotweine.

Beispiele

Deutschland:

Blauer Spätburgunder (Baden, Württemberg,
Rheingau: Assmannshäuser, Rheinhessen, Ahr
u.a.) – Limberger (Württemberg)

Frankreich:

Saint-Estèphe, Graves rouge, Pomerol, Fron-
sac (Bordeaux) – Fixin, Nuits-Saint-Georges,
Pommard, Mercurey, Beaujolais crus (Bur-
gund) – Béarn (Provinz Béarn) – Côtes du
Rhône – Côtes de Provence – Palette rouge
(Provence) – Chinon (Coteaux de Touraine) –
Côtes du Roussillon (Roussillon) – Corbières
(Languedoc-Roussillon)

Italien:

Enfer d'Arvier (Aostatal) – Boca, Grignolino,
Ghemme, Nebbiolo (Piemont u.a.) – Botticino
(Lombardei) – Marzemino Trentino (Trentino)
– Kalterersee Auslese = Lago di Caldaro, La-
grein dunkel = Lagrein scuro, St. Magdalener
= Santa Maddalena (Südtirol) – Lambrusco
(Emilia-Romagna, Lombardei u.a.) – Chianti,
Montescudaio, Sangiovese (Toskana) – Rosso
Conero (Marken) – Savuto (Kalabrien)

Österreich:

Blaufränkisch – St. Laurent – Zweigelt

Schweiz:

Pinot noir (Genf) – Salvagnin (Waadtland) –
Goron und Dôle (Wallis) – Blauburgunder
(Ostschweiz, z.B. Hallauer, Wilchinger)

GESCHNETZELTES

(Geflügel-, Kalb-, Rind- und Schweinefleisch etc.):

Rosé oder
leichtere, milde Rotweine.

Beispiele

Deutschland:

Weißherbst (Rheingau, Rheinhessen, Rheinpfalz, Baden, Franken, Ahr)
oder
Schwarz-Riesling oder Müller-Rebe (Württemberg, Baden) – Trollinger, Samtrot (Württemberg u.a.) – Portugieser (Rheinpfalz, Rheinhessen u.a.)

Frankreich:

Irouléguy (Provinz Béarn) – Tavel (Côtes du Rhône) – Bandol rosé (Provence) – Vin de Corse rosé (Korsika)
oder
Graves rouge (Bordeaux) – Beaune, Beaujolais (Burgund) – Touraine rouge (Coteaux de Touraine)

Italien:

Lagrein Kretzer = Lagrein rosato (Südtirol) – Castel del Monte rosato, Salice Salentino rosato (Apulien) – Cirò rosato (Kalabrien)
oder
Grignolino (Piemont) – Bonarda (Lombardei) – Südtiroler Rotweine – Merlot (Venetien, Südtirol, Umbrien u.a.)

Österreich:

Rosé (Wachau, Krems, Retz oder Burgenland)
oder
Blauer Portugieser

Schweiz:

Blauburgunder = Clevner (Aargau und Zürichsee)
oder
Salvagnin (Waadtland) – Neuchâtel rouge (Cortaillod) – Merlot del Ticino (Tessin)

CHILI CON CARNE, PAPRIKAHUHN, PAPRIKA-
SCHNITZEL, PFEFFERSTEAK ETC.:

Zu diesen immer stark gewürzten Speisen paßt
am besten ein
Bier,
allenfalls auch ein
schwerer, extraktreicher Rotwein.

Beispiele

Deutschland:

Blauer Spätburgunder (Baden, Württemberg,
Rheingau, Rheinhessen, Ahr u.a.)

Frankreich:

Pécharmant (Bergerac) – Cahors (Lot) –
Madiran (Jurançon) – Hermitage, Château-
neuf-du-Pape (Côtes du Rhône) – Côtes du
Rhône Villages – Fitou (Languedoc)

Italien:

Barbaresco, Barolo, Bramaterra, Carema (Piemont u.a.) – Barbera (Lombardei) – Foianeghe rosso (Trentino) – Cabernet (Südtirol,
Venetien u.a.) – Vino Nobile di Montepulciano (Toskana) – Cerasuolo di Vittoria (Sizilien) – Girò di Cagliari (Sardinien)

Österreich:

Blauburgunder (Burgenland) – St. Laurent
(Burgenland) – Cabernet

Schweiz:

Pinot noir, Dôle Pinot noir (Oberwallis)

WILD UND WILDGEFLÜGEL

Auf jeden Fall sollten zu Wildbret immer
gehaltvolle Rotweine
serviert werden. Es hängt aber von der Intensität des Eigengeschmackes beim Fleisch und
von der verwendeten Würze ab, ob dazu ein
etwas leichterer oder gehaltvollerer Rotwein
besser paßt. Weißweine passen nicht zu Wild-
gerichten.

WILD

(Reh, Hirsch, Gemse, Wildschwein, Hase,
Wildkaninchen, Wildragout etc.):

Hierzu reiche man

schwere, körperreiche Rotweine

bester Qualität.

Beispiele

Deutschland:
> Blauer Spätburgunder (Kaiserstuhl-Tuniberg/Baden, Rheingau, Ahr)

Frankreich:
> Grand crus aus Margaux, Pauillac, Saint-Julien, Saint-Emilion, Pomerol (große Bordeaux) – Gevrey-Chambertin/Grand crus, Chambolle-Musigny, Vosne-Romanée, Corton, Volnay, Pommard (große Burgunder) – Pécharmant (Bergerac) – Cahors (Lot) – Madiran (Jurançon) – Hermitage, Châteauneuf-du-Pape, Gigondas (Côtes du Rhône) – Côtes du Rhône Villages – Bourgeuil (Coteaux de Touraine) – Vin de Corse (Korsika) – Fitou (Languedoc) – Corbières Supérieurs (Languedoc-Roussillon)

Italien:
> Vien de Nus (Aostatal) – Barbaresco, Barolo, Bramaterra, Carema, Gattinara (Piemont) – Barbera (Lombardei, Piemont, Basilikata u.a.) – Sforzato (Lombardei) – Foianeghe rosso (Trentino) – Recioto della Valpolicella Amarone (Venetien) – Gutturnio (Emilia-Romagna) – Brunello di Montalcino, Vino Nobile di Montepulciano (Toskana) – Torre Quarto rosso (Apulien) – Cirò rosso Riserva (Kalabrien) – Cerasuolo di Vittoria (Sizilien) – Cannonau di Sardegna secco, Girò di Cagliari Sassicaia (Sardinien)

Österreich:
> Blauburgunder (aus Rust-Neudsiedlersee) – St. Laurent (Burgenland) – Cabernet

Schweiz:
> Pinot noir (Waadtland: Lavaux, besonders Dézaley und Saint-Saphorin; Chablais, besonders Yvorne, Aigle, Ollon) – Pinot noir, Dôle Pinot noir (Oberwallis) – Blauburgunder (Bündner Herrschaft)

WILDGEFLÜGEL:

Zu nicht abgehangenem Wildgeflügel (Rebhuhn, Wachtel, Schnepfe, Perlhuhn = Wildersatz) reiche man am besten

mittelschwere, elegante Rotweine.

Zu abgehangenem Wildgeflügel (Fasan, Wildente etc.) passen jedoch

schwere Rotweine.

Beispiele zu *nicht* abgehangenem Wildgeflügel

Deutschland:

Blauer Spätburgunder (Baden, Württemberg, Rheingau, Rheinhessen, Ahr u.a.)

Frankreich:

Margaux, Pauillac, Saint-Estèphe, Saint-Julien, Saint-Emilion (roter Bordeaux) – Fixin, Gevrey-Chambertin, Morey-Saint-Denis, Nuits-Saint-Georges, Pommard, Mercurey (roter Burgunder) – Bergerac (Côtes de Bergerac) – Béarn (Provinz Béarn) – Côtes du Rhône – Côtes de Provence – Bandol (Provence) – Bourgeuil, Chinon (Coteaux de Touraine) – Côtes du Roussillon (Roussillon)

Italien:

Donnaz, Enfer d'Arvier (Aostatal) – Boca, Ghemme, Grignolino, Nebbiolo (Piemont u.a.) – Botticino, Valtellina Superiore = Veltliner (Lombardei) – Marzemino Trentino, Teroldego Rotaliano (Trentino) – Kalterersee Auslese = Lago di Caldaro, Lagrein dunkel = Lagrein scuro, St. Magdalener = Santa Maddalena (Südtirol) – Bosco Eliceo, Lambrusco (Emilia-Romagna) – Chianti, Elba rosso, Montescudaio rosso, Rosso delle Colline Lucchesi (Toskana) – Sangiovese (Toskana, Ligurien, Emilia-Romagna u.a.) – Rosso Conero, Rosso Piceno (Marken) – Ischia rosso, Taurasi (Kampanien) – Brindisi, Copertino rosso (Apulien) – Savuto (Kalabrien) – Salaparuta rosso (Sizilien)

Österreich:

Blaufränkisch – St. Laurent – Zweigelt

> Salvagnin (Waadtland) – Dôle (Wallis) – Blauburgunder (Ostschweiz: Schaffhausen, St. Galler Rheintal, Bündner Herrschaft)

Beispiele zu *abgehangenem* Wildgeflügel

Siehe unter Wild (Seite 76)

GROBE FLEISCHGERICHTE UND HAUSMANNSKOST

SCHLACHTPLATTE

> (Geselchtes = geräuchertes Fleisch, fettes Schweinefleisch, gefüllte Schweinsrippchen, Schweinskopf, Schinken, Linsen mit Speck etc.):
> Dies sind keine eigentlichen Weingerichte. Am besten schmeckt dazu ein
>
> **Bier.**
>
> Anstelle von Bier kann man aber durchaus einfache, derbe weiße und rote Schoppen- oder Landweine (Vin de Pays, Vino del paese) servieren, z.B. Beaujolais nouveau. Je nach der Zusammenstellung der Schlachtplatte wird man manchmal über die gute Harmonie zwischen Wein und Fleisch überrascht sein.

EISBEIN MIT SAUERKRAUT (WÄDLI), IRISCHER FLEISCHTOPF (IRISH STEW), SCHWEINSHAXEN (STELZE), WÜRSTE (BLUT- UND LEBERWURST, ZUNGENWURST USW.) UND ÄHNLICHES:

> Hier gilt etwa das gleiche wie zur Schlachtplatte. Diese derben Gerichte verlangen ein
>
> **Bier,**
>
> eventuell zusammen mit einem klaren Schnaps serviert. Wenn Weine, dann saubere, einfache Schoppenweine, jedenfalls keine edlen Tropfen.

CURRY-GERICHTE

> (Bami Goreng, Nasi Goreng, Curry-Eier, Curryhuhn, Curryreis, indische Currysuppe, Mahmeh = indonesisches Nudelgericht etc.):

Auch diese Gerichte machen Schwierigkeiten mit der Auswahl des richtigen Weines. Am besten sei wiederum ein

kräftiges Bier

empfohlen oder aber, wenn man unbedingt Wein servieren will, alte, firne Weine oder Gewürztraminer. Zu Curry paßt auch ausgezeichnet ein sehr guter, zwei bis drei Jahre alter Johannisberg (Chamoson und Mont d'Or).

HAUSMANNSKOST

(Grüne Bohnen mit Speck oder Rippchen oder Siedfleisch mit Sauerkraut, Aufschnittplatte mit kaltem Braten, Speck, Wurst usw., Eintöpfe, Gemüsesuppe = Minestrone etc.); Zwischenmahlzeiten, Vesper, Brettljause (Eier, Käse, Schinken, Schwartenmagen, Speck, Sülze, Würste etc.): Im Prinzip gilt das gleiche wie zur Schlachtplatte. Am besten schmeckt wohl ein

Bier

dazu.

Nimmt man jedoch einen Wein, wähle man dazu immer einen

robusten, derben Weißwein (Landwein) oder *einfachen Rosé.*

Beispiele

Deutschland:

Gutedel (Baden u.a.) − Freisamer − Kerner (Rheinpfalz, Rheinhessen, Württemberg u.a.) − Scheurebe (Rheinhessen, Rheinpfalz) oder
Weißherbst (Rheingau, Rheinhessen, Rheinpfalz, Baden, Franken, Ahr)

Frankreich:

Bourgogne aligoté, Mâcon blanc (Burgund) − Côtes du Jura oder
Mâcon rosé (Burgund) − Coteaux du Tricastin rosé, Côtes du Ventoux rosé (Vaucluse) − Côtes de Provence rosé − Touraine rosé (Coteaux de Touraine)

Italien:

Erbaluce die Caluso (Piemont) – Terlaner = Terlano (Südtirol) – Trebbiano (Emilia-Romagna, Abruzzen und Molise u. a.) – Est! Est!! Est!!! (Latium) – San Severo bianco (Apulien) oder
Riviera del Garda rosato (Lombardei) – Vesuvio rosé (Kampanien) – Brindisi rosato, Salento rosato (Apulien)

Österreich:

Grüner Vetliner
oder
Schilcher (Weststeiermark u. a.)

Schweiz:

Fendant (Wallis) – Twanner (Bielersee) – Räuschling (Zürichsee, Kohlfirst) – Riesling × Sylvaner (Thunersee, Aargau, Luzernbiet) oder
Gamay (Genf) – Goron (Wallis) – frische, helle Blauburgunder aus der Ostschweiz

KÄSE

Eine Käseplatte zeigt an, daß die Mahlzeit allmählich zu Ende geht. Zunächst zur oft gestellten Frage, was man nach dem Hauptgericht zuerst serviert: Käse und dann Dessert oder umgekehrt?

Dazu gilt als Grundregel, daß Käse immer gleich *nach* dem Hauptgericht gereicht wird; erst dann folgt die Süßspeise. Diese Reihenfolge hat ihre Begründung darin, daß man nach dem Fleischgericht Gelegenheit bieten sollte, den Rotwein noch zu Ende zu trinken. Gleichzeitig sollte man aber auch in Versuchung kommen, eine weitere Flasche Wein zu öffnen. Darüber hinaus können Salz, Pfeffer, Paprika und Gebäck auf dem Tisch belassen bleiben. Bei einer Süßspeise müßte man dies alles zunächst abräumen und nachher wieder auf den Tisch bringen.

Käse hat die Eigenschaft, den Geschmack eines Weines besonders hervorzuheben, auch wenn der Käse selbst stark im Geschmack ist. Es ist in manchen Ländern schon zur Sitte geworden, zum Abendbrot Käse entweder allein oder mit Wurst, Schinken und kaltem Braten zu essen. Und eine Mahlzeit aus Käse, Butter, Schwarzbrot und Wein ist in diätetischer Hinsicht fast als perfekt zu beurteilen.

Zu Käse paßt mit Ausnahme von Frisch- oder Sauermilchkäse und anderen Spezialitäten immer ein Wein. Ob dabei besser ein Weiß- oder Rotwein schmeckt, hängt einerseits von der betreffenden Käsesorte, andererseits von der Güte des Weines ab. Im Laufe der Zeit ist es in manchen Ländern, insbesondere in Italien und Frankreich üblich geworden, einen Käse aus einer bestimmten Gegend auch mit einem dort zu findenden Lokalwein zu kombinieren.

Es ist falsch zu glauben, daß man zu Käse immer nur Rotwein trinken darf. Grundsätzlich sollte man vermeiden, einen eleganten, rassigen, hochwertigen Wein zu einem geschmacklich starken Käse zu geben. Einen wirklich großen Wein serviert man zum Käse nur dann, wenn man sich veranlaßt sieht, bei einem besonders festlichen Mahl einen glanzvollen Schlußpunkt zu setzen.

Im folgenden sind, nach den üblichen Käsegruppen zusammengefaßt, als Beispiel die am meisten verwendeten Käsesorten der europäischen Länder angeführt, wobei die international bekanntesten Sorten der besseren Übersicht wegen *kursiv* gesetzt sind. Zu den einzelnen Käsegruppen werden die dazu passenden Weine empfohlen.

HARTKÄSE

Belgien:	Cheddar, Emmentaler
Bundesrepublik Deutschland:	*Allgäuer Emmentaler,* Berg- oder Alpkäse, Cester, Nieheimer Hopfenkäse
Dänemark:	Cheddar, Emmentaler
Deutsche Demokratische Republik:	Tiefländer
Finnland:	Emmentaler, Juhla

Frankreich:	Cheddar, *Beaufort,* Bethmale, *Gruyère de Comté (Comté),* Emmental, Passe l'An, Sbrintz
Großbritannien:	*Cheddar,* Cotherstone, Cheshire, Derby, Dunlop, *Gloucester,* Double Gloucester, Lancashire, North Wiltshire, Somersetshire
Italien:	*Asiago,* Bagozzo, Bra, Cacio Cavallo, Grana Padano, Montasio, *Parmigiano Reggiano, Pecorino Romano* (Sardo, Siciliano), Pressato, Provolone, Ragusano, Romanello
Jugoslawien:	Emmentaler, Grobnički Sir, Kackavalj, Paški Sir, Presukača
Niederlande:	Cheddar, Emmentaler, *Leidener Käse*
Norwegen:	Cheddar, Cheshire, Jarlsbergost, Nøkkelost
Österreich:	*Bergkäse,* Colby-Käse, *Emmentaler,* Granakäse, Räßkäse, Tiroler Alpkäse
Polen:	Cheddar, Emmentaler, Grojer
Portugal:	Azeitas, Queijo da Ilha, Queijo Seco
Schweden:	Cheddar, Grevé, Herrgårdsost, Hushålls, Kaag, Lappernas Renost, Västgöta
Schweiz:	Alpkäse, *Emmentaler, Gruyère* (Greyerzer), Hobelkäse, *Sbrinz*
Spanien:	Cebrero
UdSSR:	Altajsky Syr, Aragats, Cecîl, Cheddar, Gornoaltajsky Syr, Goryni Altay, Karpatsky Syr, Kavkazsky Syr, Kostroma, Krasnodar, Kubansky Syr, Moskovsky, Rossiya, Sovjetsky Syr, Stepnoi Uglichesky, Volga, Vologda, Yaroslavsky, Yudzny
Ungarn:	Ovárer, Pannónia
Türkei:	Abaza peynir, Kasar peynir

Zu diesen Käsesorten kredenze man

leichte, fruchtige Weiß- oder Rotweine.

Beispiele

Deutschland:

Kerner (Rheinpfalz, Rheinhessen, Württemberg) – Silvaner (Rheinhessen, Rheinpfalz, Nahe, Franken u.a.) – Müller-Thurgau (Rheinhessen, Rheinpfalz, Baden, Mosel-Saar-Ruwer u.a.)
oder
Portugieser (Rheinpfalz, Rheinhessen, Württemberg u.a.) – Trollinger (Württemberg)

Frankreich:

Entre-deux-mers (Bordeaux) – Bourgogne aligoté, Mâcon blanc (Burgund) – Côtes du Jura blanc – Edelzwicker oder Sylvaner (Elsaß) – Muscadet (Pays Nantais)
oder
alle Rotweine aus dem Bordeauxgebiet – Bourgogne rouge, Bourgogne passe-tout-grain, Beaujolais (Burgund) – Côte Rôtie (Côtes du Rhône) – Touraine rouge (Coteaux de Touraine)

Italien:

Terlaner = Terlano (Südtirol) – Prosecco di Conegliano-Valdobbiadene, Soave (Venetien) – Galestro (Toskana)
oder
leichter Rotwein (Südtirol) – Bardolino, Valpolicella (Venetien)

Österreich:

Grüner Veltliner
oder
Blauer Portugieser

Schweiz:

Perlan (Genf) – Dorin (Waadtland) – Fendant (Wallis) – Neuchâtel – Twanner, Schafiser (Bielersee)
oder
Dôle oder Goron (Wallis) – Gamay (Westschweiz ohne Neuchâtel)

SCHNITTKÄSE

(Halbhartkäse, halbfester Schnittkäse, Butterkäse):

Belgien:
Gouda, weißer Kuhkäse, Maredsous, Saint-Bernard, Saint-Paulin, Sirene

Bulgarien:
Bjalo Salamureno, Demi-Balkan, Sirene

Bundesrepublik Deutschland:
Altenburger Milbenkäse, *Butterkäse, Edamer,* Farmkäse, *Geheimratskäse,* Gouda, Räucherkäse, *Steinbuscher,* Steppenkäse, *Tilsiter, Trappistenkäse, Weißlacker,* Wilstermarschkäse

Dänemark:
Danbo, Elbo, Ejdammer, Esrom, Fynbo, Havarti, Maribo, Molbo, Saint-Paulin, Samsø, Steppenkäse, Svenbo, Tilsiter, Tybo

Deutsche Demokratische Republik:
Altenburger Milbenkäse, Steinbuscher, Tollenser

Finnland:
Airisto-Gouda, Gennarby Tilsiter, Kartano, Kesti, Korsholm, Kreivi, Luostari, Saaristojuusto-Skärgarsost, Turunmaa

Frankreich:
Amou, Bethmale, *Cantal,* Castillon, Fourme de Laguiole, Gouda, Langres, *Mimolette,* Montségur, Morbier, La Mothe St. Héraye, Murol, Orrys, Ossau-Iraty, Providence, *Pyrénées,* Reblochon, *Saint-Nectaire, Saint-Paulin,* Savaron, Tomme au Marc de Raisin, *Tomme d'Auvergne,* Tomme de Savoie

Großbritannien:
Caerphilly, Kingston, Wensleydale White

Italien:
Fontal, *Fontina, Italico* (Bel Paese u.a.), Pannarone, Stracchino-Crescenza

Jugoslawien:
Bijeni Sir, Special

Niederlande:
Broodkaas, *Edamer* Kaas, Friese Nagelkaas (Friesischer Nelkenkäse), *Gouda,* Heemratskaas, Hol-

85

	land-Doppelrahmkäse, Kernhem, Rahmkäse, Saint-Paulin, Tilsiter, Vierkantkäse
Norwegen:	Edamer, Fløtemysost helfet, Gammelost, Geitost blandet, Geitost helfet, Gouda, Gudbrandsdalost, Jarlsberg, Norbo, Norvegia, Port-au-Salut, Ridder, Saint-Paulin, Tilsiter
Österreich:	*Butterkäse, Edamer, Geheimratskäse, Gouda,* Jerome, *Mondseer,* Murbodner, Pikano, Pinzgauer Bierkäse, Purbon, Rilos, *Tilsiter,* Trappistenkäse
Polen:	Podhalanski, Ser Trapistaw
Portugal:	Bola, Castelo Branco
Rumänien:	Cascaval Penteleu, *Harghita,* Zamora
Schweden:	Ambrosia, Blandet, Drabant, Edamer, Getost, Gouda, Grevé, Hälsinge, Hushållsost, Mesost, Mysost, Prästost, Riddarost, *Svecia,* Svenskedam, Tilci, Västerbottenost
Schweiz:	*Appenzeller,* Bratkäse, Mutschli, Schweizer und Walliser Raclettekäse, Royalp, Tête de Moine (Bellelay), Thurgauer, *Tilsiter, Vacherin fribourgeois* (Freiburger Vacherin)
Spanien:	Perilla, Queso del Cebrero, Queso de Mahón, Queso de San Simón, Queso de Vaca de León, Ulloa
UdSSR:	Chanakh, Daralagjazky Syr, Jerevansky Syr, Latvysky Syr, Poshhonsky, Severny, Smolensky, Suluguni, Tushinsky, Tilsiter, Yerevan Zakusochny
Ungarn:	Balaton, Edamer, Ovari, Parenyica, *Trappisten*

Zu diesen Käsesorten kann man

mittelschwere, trockene Weiß-, Rot- und Roséweine nehmen.

Beispiele

Deutschland:

Riesling (Mosel-Saar-Ruwer, Rheinpfalz, Rheingau, Württemberg u.a.) – Ruländer (Baden, Rheinpfalz, Rheinhessen) – Kerner (Rheinpfalz, Rheinhessen, Württemberg) – Bacchus (Rheinhessen, Rheinpfalz, Mosel-Saar-Ruwer, Nahe u.a.)

oder

Weißherbst (Rheingau, Rheinhessen, Rheinpfalz, Baden, Franken, Ahr)

oder

Limberger (Württemberg) – Assmannshäuser Spätburgunder (Rheingau) – Ahr-Weine

Frankreich:

Graves blanc (Bordeaux) – Bourgogne blanc, Chablis, Meursault, Mâcon blanc (Burgund) – Vouvray (Coteaux de Touraine) – Saumur (Anjou-Saumur) – Pouilly-Fumé, Sancerre (Nivernais-Berry)

oder

Béarn rosé (Provinz Béarn) – Gaillac rosé (Tarn) – Lirac (Côtes du Rhône) – Côtes de Provence rosé – Arbois (Côtes du Jura) – Touraine rosé (Coteaux de Touraine)

oder

Médoc, Graves rouge, Pomerol, Fronsac (Bordeaux) – Fixin, Beaune, Pommard, Mercurey (Burgund) – Bergerac (Côtes de Bergerac) – Palette rouge (Provence) – Chinon (Coteaux de Touraine) – Corbières, Minervois (Languedoc-Roussillon)

Italien:

Lugana (Lombardei, Venetien) – Soave (Venetien) – Pigato di Albenga (Ligurien, Sardinien) – Trebbiano (Emilia-Romagna u.a.) – Vernaccia (Toskana, Umbrien u.a.) – Verdicchio (Marken) – Orvieto (Umbrien) – Frascati, Marino, Velletri (Latium)

oder

Lagrein Kretzer = Lagrein rosato (Südtirol) – Vesuvio rosé (Kampanien) – Castel del Monte, Salice Salentino rosato (Apulien) – Cirò rosato (Kalabrien)

oder
Grignolino, Nebbiolo (Piemont u.a.) – Südtiroler Rotwein – Chianti, Sangiovese (Toskana u.a.) – Rosso Conero, Rosso Piceno (Marken) – Taurasi (Kampanien)

Österreich:
Rheinriesling – Welschriesling – Grüner Veltliner
oder
Rosé (Niederösterreich, Steiermark oder Burgenland)
oder
Blaufränkisch – Zweigelt – St. Laurent – Blauburger

Schweiz:
Dorin (Waadtland) – Fendant (Wallis) – Chardonnay (Westschweiz, Bielersee) – Räuschling (Zürichsee, Kohlfirst)
oder
Gamay rosé (Genf, Waadtland: La Côte) – Oeil de Perdrix (Wallis, Neuchâtel) – Süßdruck (Ostschweiz, Nordbünden)
oder
Salvagnin (Waadtland) – Goron, Dôle (Wallis)

EDELPILZKÄSE ODER BLAUSCHIMMELKÄSE

Bundesrepublik Deutschland:	Bavaria blu, Blauschimmelkäse, Edelpilzkäse, Grünschimmelkäse
Dänemark:	Blå Castello, Danablu, Mycella
Finnland:	Aura, Jalojuusto-Ädelost
Frankreich:	*Bleu d'Auvergne* und alle anderen Bleu-Sorten (Bleu d'Aveyron, Bleu de Bresse etc.), *Fourme d'Ambert,* Fourme de Montbrison, Mont-Cenis, Persillé de Mont-Cenis, *Roquefort,* Saingorlon, Sassenage, Septmoncel
Griechenland:	Kopanisti
Großbritannien:	Blue Cheddar, Blue Cheshire, Blue Dorset (Blue Vinny), *Stilton,* Wensleydale Blue
Italien:	Castelmagno, *Gorgonzola*
Niederlande:	*Bluefort*

Norwegen:	Normannaost
Österreich:	Blauschimmelkäse, Bon bleu, *Gorgonzola*, Grünschimmelkäse, Österzola
Polen:	Rokpol
Schweden:	Palazzo, Stilton, Stockkumla
Schweiz:	Azzurro, Blauschimmelkäse, Rüttizola, Sarrazin, Thurgozola
Spanien:	Picón, Queso azul
Türkei:	Küflü tulum peynir

Zu diesen intensiven Käsesorten sollte man trinken:

Kräftige, extraktreiche Rotweine oder
Süßweine oder
Portwein.

Beispiele

Deutschland:

Blaue Spätburgunder aus den Prädikatstufen: Auslesen, Beeren- oder Trockenbeerenauslesen (Baden, Württemberg, Rheingau, Rheinhessen, Ahr u.a.)

Frankreich:

Beaujolais (Burgund) – Cahors (Lot) – Madiran (Jurançon) – Hermitage rouge, Gigondas, Châteauneuf-du-Pape (Côtes du Rhône) – Bourgueil (Coteaux de Touraine) – Vin de Corse (Korsika) – Corbières (Languedoc-Roussillon)
oder
Sauternes, Barsac, Loupiac (Bordeaux) – Monbazillac (Bergerac) – Rasteau (Côtes du Rhône) – Rivesaltes (Roussillon)

Italien:

Barbaresco, Barbera, Barolo, Carema (Piemont) – Foianeghe rosso (Trentino) – Recioto della Valpolicella Amarone (Venetien) – Sassicaia, Vino Nobile di Montepulciano (Toskana) – Cirò rosso Riserva (Kalabrien) – Cerasuolo di Vittoria (Sizilien)
oder
Passito (Aostatal) – Malvasia, Moscato (Piemont u. a.) – Goldmuskateller = Moscato gial-

lo (Südtirol) – Recioto (Venetien) – Picolit (Friaul-Julisch Venetien) – Vin Santo (Toskana) – Marsala (Sizilien)

Österreich:
Blauburgunder – St. Laurent
oder
Auslesen – Ausbruch – Beerenauslese – Trokkenbeerenauslese

Schweiz:
Dôle (Wallis) – Pinot noir (Westschweiz)
oder
Spätlesen von Grauburgunder = Malvoisie, Ermitage, Muscat (Wallis) – Spätlesen von Amigne und Arvine, flétri oder mi-flétri (Wallis)

WEICHKÄSE

A. Weißschimmelkäse (mit und ohne Rinde):

Belgien:	*Brie, Camembert,* Princ'Jean
Bundesrepublik Deutschland:	Allgäuer Gaiskäsle, *Brie, Camembert,* Frühstückskäse, Mauritiuskäse
Dänemark:	*Brie, Camembert*
Finnland:	*Camembert*
Frankreich:	Banon, Bouille, alle *Brie-Sorten,* Brillat-Savarin, *Camembert,* Caprice, *Carré de l'Est,* Chaource, Coulommiers, Crème des prés, Dues, Excelsior, Feuille de Dreux, Gournay, Mâconnais, Magnum, Marcellin, Monsieur, *Neufchâtel,* Olivet, Saint-Florentin, Saint-Marcellin, Suprême, Vachard, Vendôme, Villebarou
Großbritannien:	Caerphilly, Double-Creme
Jugoslawien:	Bijeli Sir, Mješinski Sir, Tucani Sir
Norwegen:	Brie, *Camembert,* Crème Château
Österreich:	*Brie, Camembert*
Polen:	Brie, Camembert, Ser Tylzycki
Schweden:	*Camembert,* Crème Chantilly, Crème Château, Crème Noisette, Party

Schweiz:	Brie suisse, *Camembert* suisse, Doppelrahmkäse, Kräuter- und Pfeffer-Schimmelkäse, *Tomme suisse, Tomme vaudoise*
Spanien:	Tetilla
Tschecho-slowakei:	Hermelinkäse, Malzou, Niva
Türkei:	Beyaz Peynir
UdSSR:	Desertny Syr, Medynsk, Zeleny

Dazu passen am besten

leichte, fruchtige Rotweine.

Beispiele

Deutschland:

Portugieser (Rheinpfalz, Rheinhessen, Württemberg u. a.) – Trollinger (Württemberg) – Spätburgunder Kabinett (Baden, Württemberg, Rheingau, Rheinhessen, Ahr u. a.)

Frankreich:

Bordeaux Supérieur, Listrac (Bordeaux) – Bourgogne Grand Ordinaire, Bourgogne passe-tout-grain, Beaune, Côte de Beaune Villages, Mâcon rouge, Beaujolais (Burgund) – Touraine rouge (Coteaux de Touraine)

Italien:

Casteller (Trentino) – leichter Rotwein (Südtirol) – Bardolino, Valpolicella (Venetien) – Terrano (Friaul-Julisch Venetien) – Chianti (Toskana)

Österreich:

Blauer Portugieser

Schweiz:

Dorin (Waadtland) – Goron (Wallis) – Gamay (Westschweiz, ausgenommen Neuchâtel)

B. Rotschmierekäse (gewaschene Rinde):

Belgien:	Bruxelles (Brusselsekaas), *Herve, Limburger, Plateau* de Herve, Scheppkaas
Bundesrepublik Deutschland:	*Limburger,* Mainauerkäse, *Münsterkäse, Romadur,* St. Mauritius, Weinkäse

91

Dänemark:	Esrom, Mynster
Finnland:	Kappeli
Frankreich:	Baguette Laonnaise, Belval, Boulette d'Avesnes, Dauphin, Epoisses, Gris de Lille, Langres, Laumes, *Livarot,* Manicamp, *Maroilles,* Mignot, Monceau, Mont d'Or, Munster Géromé, Nantais, Pavé d'Auge, *Pont-l'Evêque,* Port-du-Salut, Reblochon, Rollot, Saint-Rémy, Savaron, Tamié, *Vacherin,* Void de la Meuse
Großbritannien:	Lancashire
Italien:	Bel Paese, Robiola, Robiolino, *Taleggio*
Jugoslawien:	Njeguški Sir
Niederlande:	Kernhem Käse, Limburger Käse
Österreich:	Klosterkäse, Marienhofer, Mischlingkäse, Mondseer, *Romadur,* Schwarzenberger, Schloßkäse, Tanzenberger
Polen:	Limburski
Portugal:	Queijo de Serra
Schweiz:	Limburger, *Münster* suisse, Rahmkäse, Reblochon suisse, *Romadur,* Schibli, *Vacherin Mont d'Or*
UdSSR:	Dorozny, Dorogobudz, Gornoaltajsky Syr, Kalinin, Latvysky Syr, Lyubitelsky, Syr Rambinas
Ungarn:	Lajta, Teasajt

Dazu passen vorzüglich

mittelschwere bis schwere, kräftige Rotweine.

Beispiele

Deutschland:

Limberger (Württemberg) – Blauer Spätburgunder (Baden, Württemberg, Rheingau: Assmannshäuser, Rheinhessen, Ahr u. a.) – Ahr-Weine

Frankreich:

Margaux, Pauillac, Saint-Estèphe, Saint-Julien, Graves rouge, Saint-Emilion, Pomerol, Fronsac (roter Bordeaux) – Fixin, Gevrey-Chambertin, Vosne-Romanée, Beaune, Pommard, Mercurey (roter Burgunder) – Bergerac (Côtes de Bergerac) – Côtes de Buzet (Garonne) – Cahors (Lot) – Béarn (Provinz Béarn) – Madiran (Jurançon) – Côtes du Rhône – Hermitage, Châteauneuf-du-Pape, Gigondas (Côtes du Rhône) – Côtes de Provence – Bandol (Provence) – Chinon (Coteaux de Touraine) – Vin de Corse (Korsika)

Italien:
Donnaz (Aostatal) – Barbaresco, Barbera, Barolo, Boca, Gattinara, Ghemme, Grignolino, Nebbiolo (Piemont u. a.) – Botticino, Valtellina Superiore (Lombardei) – Foianeghe rosso, Marzemino Trentino (Trentino) – Kalterersee = Lago di Caldaro, Lagrein dunkel = Lagrein scuro, St. Magdalener = Santa Maddalena (Südtirol) – Refosco (Friaul-Julisch Venetien) – Gutturnio, Lambrusco (Emilia-Romagna u. a.) – Chianti, Sassicaia, Sangiovese, Vino Nobile di Montepulciano (Toskana) – Rosso Conero (Marken) – Taurasi (Kampanien) – Corvo di Salaparuto rosso (Sizilien) – Girò di Cagliari (Sardinien)

Österreich:
Blaufränkisch – Zweigelt – St. Laurent – Blauburger – Blauburgunder

Schweiz:
Salvagnin (Waadtland) – Goron, Dôle, Johannisberg: vorzüglich zu Vacherin Mont d'Or passend (Wallis) – Pinot noir (Westschweiz)

ZIEGEN- UND SCHAFKÄSE

Bulgarien:	Balkanski Kâskaval, Demi-Balkan, Sirene
Bundesrepublik Deutschland:	Allgäuer Gaiskäsle, Altenburger Ziegenkäse
Deutsche Demokratische Republik:	Altenburger Ziegenkäse
Finnland:	Kutunjuusto
Frankreich:	Amou, Arthon, Aunis, Banon, Bethmale, Bossons Macérés,

93

	Bougon, Bruccio, Carré de Saint-Cyr, Chabichou, Chabis, Chèvreton d'Ambert, *Crottin de Chavignol,* Fromage de Chèvre, Fromage de la Mothe, Fromage de Ruffec, Gadin de Mâcon, Moyonnais, Niolin, Picadou, *Pouligny Saint-Pierre,* Rocamadour, Sainte-Maure, Sartenais, *Selles-sur-Cher, Valençay* und andere Pyramidenkäse, Venaco
Griechenland:	Agrafa, Feta, Galotiri, Kasseri, Kefalotyri, Kopanisti, Salamana
Italien:	*Caciotta,* Caprino, Fiore Sardo, Incanestrato, Lucardese, Marzolino, *Pecorino,* Ricotta, Scanno
Jugoslawien:	Beli Sir, Bijeni Sir, Brački Sir, Ftinoporino, Grobnički Sir, *Kačkavalj,* Kefalotir, Manur, Mješinski, Ovčij Sir, Pago, Presukača, Quacheq, Somborski Sir, Tucani
Österreich:	Schaf- und Ziegenkäse
Portugal:	Alcobaça, Alentejo, Alvorca, Castelo de Vide, Estrella, Queijo de Evora
Rumänien:	Brînză de Burduf, Brînză in Coajâ de Brad, Cascaval Penteleu, Fetta, Harghita, Nasal, Telemea
Schweiz:	Appenzeller, Bündner, Emmentaler, Luzerner, Nidwaldner, Schwyzer, Berner Oberländer Ziegenkäse, Formagella, Tomme de chèvre Fribourg
Spanien:	Ansó, Aragón, Burgos, Cabra de Alicante, Cabra de Cadíz, Gorbea, Hecho, Idiazabal, Manchego, Nata, Roncal
Tschechoslowakei:	Brimsenkäse, Liptovská Bryndza, Oštěpek, Parecina
UdSSR:	Aragatski, Brynza, Cecîl, Daralagjazsky Syr, Gornoaltajsky Syr
Ungarn:	Kaskaval, Liptauer

| *Türkei:* | Abaza peynir, Beyaz peynir, Dil peynir, Mihalic peynir, Tulum peynir |

Zu diesen Sorten reiche man am besten

trockene, leicht aromatische Weißweine oder **leichte, trockene, fruchtige Rotweine.**

Nach Möglichkeit sollten gerade bei diesen Käsesorten Weine serviert werden, die aus der Heimat des betreffenden Schaf- oder Ziegenkäses kommen.

Beispiele

Deutschland:

Müller-Thurgau (Rheinhessen, Rheinpfalz, Baden, Mosel-Saar-Ruwer u. a.) – Scheurebe (Rheinhessen, Rheinpfalz) – Silvaner (Rheinhessen, Rheinpfalz, Nahe, Franken u. a.) – Kerner (Rheinpfalz, Rheinhessen, Württemberg u. a.)

oder

Portugieser (Rheinpfalz, Rheinhessen, Württemberg u. a.) – Trollinger (Württemberg) – Rotberger

Frankreich:

Sauvignon blanc: Graves, Sauternes, Barsac (Bordeaux) – Cheverny (Val de Loire) – Sancerre (Nivernais-Berry)

oder

junge Bordeaux – Bordeaux Supérieur – Côtes de Bourg (Bordeaux) – Bourgogne rouge, Côte de Beaune Villages, Beaujolais (Burgund) – Côte Rôtie, Saint-Péray rouge (Côtes du Rhône) – leichter Côtes du Rhône rouge – Bellet (Provence) – Touraine rouge (Coteaux de Touraine)

Italien:

Müller-Thurgau (Südtirol) – Bianco di Custoza (Venetien) – Sauvignon (Friaul-Julisch Venetien, Südtirol u. a.) – Zibibbo (Pantelleria)

oder

Casteller (Trentino) – leichter Rotwein (Südtirol) – Bardolino, Valpolicella (Venetien) – Terrano (Friaul-Julisch Venetien)

Österreich:
Müller-Thurgau – Muskat-Silvaner (Sauvignon blanc)
oder
Blauer Portugieser

Schweiz:
Arvine (Wallis) – Räuschling (Zürichsee, Limmattal, Kohlfirst) – Riesling × Sylvaner (Ostschweiz)
oder
Goron (Wallis) – Gamay (Westschweiz ohne Neuchâtel) – Merlot del Ticino (Tessin)

FRISCHKÄSE, MOLKENKÄSE, SAUERMILCHKÄSE, ZIEGERKÄSE

Belgien:	Fromage en panier (Korbkäse), Plattekaas, Verse Kaas
Bundesrepublik Deutschland:	Doppelrahmfrischkäse, Frischkäse, Gervais, Handkäse, *Harzer Käse,* Hopfenkäse, *Hüttenkäse,* Jocca, Korb- oder Spitzkäse, Kräuterkäse, Liptauer, Mainzerkäse, *Olmützer Quargel,* Rahmfrischkäse, Schabzieger, Schichtkäse, Schlalach, Schmierkäse, *Speisequark,* Stangenkäse oder Quargel
Dänemark:	Ballet, Gammelost, Hytteost, Knaost
Finnland:	Hovi
Frankreich:	*Banon,* Boulette de Cambrai, Boursault, *Boursin,* Brillat-Savarin, Caillebotte, Chambourey, Chevrotin, Demi-Sel, L'Explorateur, Fontainebleau, Fromage à la Pie, *Fromage frais* (Frischkäse gesalzen, ungesalzen, aromatisiert mit Knoblauch, frischen Kräutern oder Pfeffer), Fromage Blanc, Fromage Suisse, Fromage Petit Suisse, Gervais, Gournay, Impérial, Neufchâtel, Niolo, Pélardon, Picardon, Poivre d'Ane, Tomme d'Aligot, Triple Crème

Griechenland:	Mitzithra, Telemes
Großbritannien:	Crowdie
Italien:	Cacio Romano, Caprino, Chlavari, Cotta (Zieger), Mascarpone, *Mozzarella,* Ricotta, Stracchino
Jugoslawien:	Beli Sir u Kriškama, Bryndza, Kajmak, Skuta, Urda
Niederlande:	Cottagecheese, Quark
Norwegen:	Blandet-Geitost, Gammelost, Gjetost, Knaost, Mysost, Pultost, Ramost
Österreich:	*Brimsen,* Frischkäse, *Gervais,* Glundner Käse, Imperial, Kräuterkäse, Kugelkäse, Liptauer, Quargel, Stangenkäse, Sura-Käse, Tiroler Graukäse, *Topfen* (Quark)
Polen:	Ser Twaragowy, Ser Harcenski
Portugal:	Queijo Fresco
Rumänien:	Brînză, Urdâ
Schweden:	Mesost
Schweiz:	Carré Frais, Cottage Cheese, Doppelrahm, Mozzarella Svizzera, *Petit Suisse,* Quark, Rahmkäse, Toggenburger Ploderkäse
Spanien:	Burgos, Cabra de Alicante, Queso de Cervera, Queso Fresco Rosell, Queso del Puzol, Villalón
Tschechoslowakei:	Homolský, Olmützer Quargel
Türkei:	Lor peynir, Tulum peynir
UdSSR:	Armavir, Chainy, Mesitra, Jerevansky Syr
Ungarn:	Kevertturo, Juhturo, Tarhó

Zu Frischkäse etc. paßt auf Grund des «quarkigen» Geschmacks kaum ein guter Wein. Wenn aber Wein zu diesen Käsesorten getrunken wird, reiche man

natursüße Weiß- oder
Roséweine mit einem höheren Restzuckergehalt

wie etwa süße Spätlesen oder Auslesen.

Beispiele

Deutschland:

Spätlesen oder Auslesen von Kerner (Rheinpfalz, Rheinhessen, Württemberg) – Riesling (Mosel-Saar-Ruwer, Rheinpfalz, Rheingau, Württemberg u. a.) – Müller-Thurgau (Rheinhessen, Rheinpfalz, Baden, Mosel-Saar-Ruwer u. a.) – Scheurebe (Rheinhessen, Rheinpfalz)
oder
Badische Weißherbste

Frankreich:

Sauternes, Barsac, Loupiac (Bordeaux) – Monbazillac (Bergerac) – Rasteau (Côtes du Rhône) – Banyuls (Roussillon)
oder
Irouléguy (Provinz Béarn) – Tavel (Côtes du Rhône) – Bandol rosé (Provence) – Cabernet d'Anjou, Rosé d'Anjou (Anjou-Saumur)

Italien:

Malvasia, Moscato (Piemont, Lombardei u. a.) – Goldmuskateller = Moscato giallo (Südtirol) – Recioto (Venetien) – Vin Santo (Toskana, Umbrien)
oder
Castel del Monte rosato, Salice Salentino rosato (Apulien) – Cirò rosato (Kalabrien)

Österreich:

Veltliner- oder Rheinriesling-Spätlesen oder Auslesen
oder
Rosé (Burgenland)

Schweiz:

Neuchâtel blanc – Riesling × Sylvaner (Thunersee) – Blauburgunder (Spiezer, Oberhofner)

SCHMELZKÄSE

Ausgangspunkt für Schmelzkäse sind in der Regel Hart- und Schnittkäsesorten. Wird dabei der geschmolzenen Käsemasse nichts anderes zugesetzt, so handelt es sich immer um einen reinen *Schmelzkäse*. Werden jedoch noch andere Zutaten wie beispielsweise Pilze, Schinken, Hummer, aromatische Gewürze, Nüsse, Traubenkerne etc. hinzugefügt, so werden diese Käseprodukte zu *Schmelzkäsezubereitungen,* die jeweils aus einer Mischung von Weich-, Schnitt- und Hartkäse bestehen. Das Charakteristische aller dieser Käsesorten ist, daß sie – wie schon der Name sagt – streichfähig sind.

Zu Schmelzkäse reiche man zweckmäßigerweise

leichte, trockene Weißweine oder **Roséweine.**

Beispiele

Deutschland:

Silvaner trocken (Rheinhessen, Rheinpfalz, Nahe, Franken u. a.) – Riesling trocken (Mosel-Saar-Ruwer, Rheinpfalz, Rheingau, Württemberg u. a.) – Gutedel trocken (Baden)
oder
Weißherbst (Rheingau, Rheinhessen, Rheinpfalz, Baden, Franken, Ahr) – Rotling

Frankreich:

Entre-deux-mers (Bordeaux) – Bourgogne aligoté, Petit Chablis, Mâcon blanc (Burgund) – Jurançon blanc (Provinz Béarn) – Madiran (Jurançon) – Crépy (Savoyen) – Muscadet (Pays Nantais)
oder
Graves (Bordeaux) – Béarn (Provinz Béarn) – Gaillac rosé (Tarn) – Lirac (Côtes du Rhône) – Côtes du Ventoux rosé (Vaucluse) – Côtes de Provence rosé – Arbois (Côtes du Jura) – Rosé de Loire (Anjou-Saumur)

Italien:

Blanc de Morgex, Blanc de la Salle (Aostatal) – Cortese di Gavi (Piemont) – Terlaner = Terlano (Südtirol) – Prosecco, Soave (Venetien, Friaul-Julisch Venetien) – Galestro (Toskana)
oder
Riviera del Garda rosato (Lombardei) – Lagrein Kretzer = Lagrein rosato (Südtirol) – Castel del Monte rosato, Salice Salentino rosato (Apulien) – Cirò rosato (Kalabrien)

Österreich:

Grüner Veltliner trocken – Welschriesling trocken – Rheinriesling trocken
oder
Rosé (Niederösterreich)

Schweiz:

Perlan (Genf) – Dorin (Waadtland) – Fendant (Wallis) – Neuchâtel – Twanner (Bielersee)
oder
Oeil de Perdrix (Neuchâtel) – Süßdruck (West- und Ostschweiz)

HEISSE KÄSEGERICHTE

(Fondue, Käseaufläufe, Käsegebackenes, Raclette etc.):
Dazu serviere man immer

trockene, fruchtige Weißweine.

Beispiele

Deutschland:

Riesling trocken (Mosel-Saar-Ruwer, Rheinpfalz, Rheingau, Württemberg u. a.) – Rieslaner trocken (Franken u. a.) – Kerner trocken (Rheinpfalz, Rheinhessen, Württemberg u. a.) – Silvaner trocken (Rheinhessen, Rheinpfalz, Nahe, Franken u. a.) – Weißburgunder (Rheinpfalz, Baden u. a.)

Frankreich:

Entre-deux-mers, Graves blanc (Bordeaux) – Montrachet, Mâcon blanc (Burgund) – Jurançon blanc (Provinz Béarn) – Edelzwicker (Elsaß) – Muscadet (Pays Nantais) – Pouilly-Fumé, Sancerre (Nivernais-Berry) – Blanc de blancs (Champagne)

Italien:

Terlaner = Terlano (Südtirol) – Lugana (Lombardei, Venetien) – Soave (Venetien) – Vermentino (Ligurien, Sardinien) – Montecarlo, Vernaccia (Toskana u. a.) – Verdicchio (Marken) – Orvieto secco (Umbrien) – Frascati secco, Marino secco, Montecompatri-Colonna (Latium) – Trebbiano d'Abruzzo (Abruzzen und Molise) – Martina Franca (Apulien)

Österreich:

Grüner Veltliner trocken – Rheinriesling trocken – Silvaner trocken

Schweiz:

Dorin (Waadtland) – Fendant (Wallis) – Neuchâtel – Twanner, Schafiser (Bielersee)

Franzosen sind allgemein als besondere Feinschmecker bekannt. Vielleicht ist es daher interessant, sich einmal vor Augen zu führen, wie die Franzosen Käse mit Wein kombinieren. Die SOPEXA (Förderungsgemeinschaft für französische Landwirtschaftserzeugnisse) hat sich im Auftrag der französischen Landwirtschaft seit vielen Jahren mit der Frage befaßt, welcher französische Wein am besten zu den bekanntesten französischen Käsesorten paßt. Obschon diese SOPEXA-Empfehlungen von den Ansichten mancher international anerkannter Gourmets abweichen, sind sie recht aufschlußreich und vielleicht auch manchmal nachahmenswert.

SOPEXA-WEINEMPFEHLUNGEN ZU AUSGEWÄHLTEN KÄSESORTEN AUS FRANKREICH:

Hartkäse

Comté – Weißwein oder Rosé: z. B. Arbois, Château-Chalon (Côtes du Jura)

Schnittkäse

Baby Gouda Français – Weißwein, z. B. Coteaux du Loir, Jasnières (Val de Loire)
Cantal – Bergerac rouge (Côtes de Bergerac)
Morbier – Mâcon rouge (Burgund)
Pyrenäenkäse – Edelzwicker (Elsaß) oder Rosé de Béarn (Provinz Béarn)
Reblochon – Mâcon blanc (Burgund)
Saint-Nectaire – Chinon (Coteaux de Touraine)
Saint-Paulin – Weiß, rot oder rosé: z. B. Bandol, Bellet, Cassis, Palette (Provence)
Tomme de Savoie – Weiss, rot oder rosé: z. B. Bergeron, Roussette de Savoie, Crépy, Ripaille, Marin (Savoyen)

Edelpilz- oder Blaukäse

Bleu d'Auvergne – Corbières (Languedoc-Roussillon)

Bleu de Bresse – Beaujolais (Burgund)

Fourme d'Ambert – Condrieu, Château-Grillet, Hermitage, Tavel, Lirac, Châteauneuf-du-Pape (Côtes du Rhône)

Roquefort – Châteauneuf-du-Pape (Côtes du Rhône) oder Sauternes (Bordeaux)

Weichkäse

Banon – Vin de Corse, weiß oder rosé (Korsika)

Brie – Burgunder Weine

Camembert – Bordeaux-Weine

Carré de l'Est – Coteaux de Languedoc (Languedoc-Roussillon)

Chaource – Coteaux Champenois weiß (Champagne)

Coulommiers – Côte de Beaune (Burgund)

Doppelrahmweichkäse (Bouille, Caprice, Crème des prés, Monsieur, Suprême etc.) – Vin de Pays

Livarot – Condrieu, Château-Grillet, Hermitage, Châteauneuf-du-Pape, Tavel, Lirac (Côtes du Rhône)

Maroilles – Côtes du Roussillon (Roussillon)

Munster Géromé – Gewürztraminer (Elsaß)

Neuchâtel – Beaujolais (Burgund)

Pont-l'Evêque – Saint-Emilion (Bordeaux)

Ziegen- und Schafkäse

Chabichou – Vin de Pays rot

Sainte-Maure – Weiß oder rosé: z. B. Vouvray, Saint-Nicolas-de-Bourgueil, Montlouis, Azay-le-Rideau (Coteaux de Touraine)

Valençay und andere Pyramidenkäse – Rosé d'Anjou (Anjou-Saumur)

Frischkäse

Frischkäse mit Kräutern – Muscadet (Pays Nantais)

Schmelzkäse

Nußkäse – Graves blanc (Bordeaux)

Pfefferkäse – Rosé de Bergerac (Côtes de Bergerac)

Schmelzkäse – Vin de Pays rot

NACHSPEISEN (DESSERTS)

(Aufläufe, Cremen, Eis, Früchtekuchen, Gebäck, gefüllte Knödel, Omeletten, Pfannkuchen, Puddings, Zabaione = Crème Sabayon etc.)

Die meisten Nachspeisen und auch Eis werden mit Zucker zubereitet und lassen sich daher am besten verbinden mit

halbtrockenem Sekt oder **Champagner**
oder
natursüßen Weißweinen oder
süßen Likörweinen,

wobei zu beachten ist, daß sich sehr süße Nachspeisen, Creme-Desserts oder Eis im allgemeinen nicht mit süßen Weinen vertragen. Zweierlei Süßigkeiten auf einmal dürften für den Gaumen wohl zuviel sein.

Zu NACHSPEISEN AUS SCHOKOLADE (Schokocreme, Schokoladenpudding, Mohrenkopf etc.) sowie zu NACHSPEISEN MIT ZITRUSFRÜCHTEN (besonders Zitronen, Orangen, Mandarinen etc.) serviere man keinen Wein, sondern immer nur

halbsüßen Sekt oder **Champagner.**

Dies ist deshalb empfehlenswert, weil Schokolade den Gaumen mit einer feinen Schicht überzieht, so daß man den Wein nicht mehr richtig schmecken kann. Auch Zitrusfrüchte harmonieren infolge ihres hohen Säuregehaltes meist nicht mit Wein.

Beispiele

Deutschland:

Halbtrockener Sekt (demi-sec, demi-doux) – süßer Sekt (doux)
oder
Auslesen – Beerenauslesen – Trockenbeerenauslesen

Frankreich:

Champagne sec – Champagne demi-sec – Champagne doux

103

oder

Sauternes, Barsac, Loupiac (Bordeaux) – Monbazillac (Bergerac) – Rasteau (Côtes du Rhône) – Banyuls, Rivesaltes (Roussillon)

Italien:

Asti Spumante, Brachetto d'Acqui (Piemont) – Prosecco di Conegliano-Valdobbiadene Spumante (Venetien) – Vernaccia di Serrapetrona Spumante (Marken) – Martina Franca Spumante (Apulien)

oder

Malvasia, Moscato (Piemont, Lombardei, Friaul-Julisch Venetien u. a.) – Goldmuskateller = Moscato giallo (Südtirol) – Recioto (Venetien) – Passito (Apulien, Sizilien, Sardinien u. a.) – Marsala (Sizilien) – Monica di Cagliari, Nasco di Cagliari, Vernaccia di Oristano (Sardinien)

Österreich:

Halbtrockener Sekt (demi-sec, demi-doux) – Süßer Sekt (doux)

oder

Auslesen – Beerenauslesen – Ausbruch – Trockenbeerenauslesen

Schweiz:

Halbtrockener bis süßer Schaumwein

oder

Pinot gris = Malvoisie und Muscat, beide mi flétri oder flétri, Ermitage (Wallis)

OBST

Ob Wein zu Obst paßt, ist reine Ansichtssache. Jedenfalls zeigt Obst bestehende Mängel eines Weines immer deutlicher auf als jede andere Speise.

Wenn man überhaupt Wein zu Obst serviert, dann immer nur vollmundige Weine von sehr hoher Qualität. Dazu empfehlen sich:

Obstsalat:	**Nicht zu trockener Sekt** oder **Champagner**
Melonen:	**Portwein** oder **trockener Weißwein**

Trauben:	**Alle Arten natursüßer Weine**
Bananen:	**Dessertwein (natursüßer Weißwein** oder **süßer Likörwein)**
Feigen:	**Frischer, leichter Rotwein**
Apfel, Birne: Pfirsich, Aprikosen:	**Alle Weine, vor allem Rotweine Voller, milder (säurearmer) Weißwein** oder **bukettreicher Rotwein**
Ananas, Erdbeeren, Himbeeren, Zitrusfrüchte (Zitronen, Orangen, Mandarinen etc.):	Dazu serviert man im allgemeinen keinen Wein, da er sich besonders mit säuerlich schmeckenden Früchten nicht verträgt. Dennoch gibt es nicht wenige Genießer, die zu diesen Früchten gerne einen **leichten, milden Weißwein** oder **Rosé** trinken.

Trink-
temperatur

Richtig genießen kann man einen Wein nur dann, wenn er die richtige Trinktemperatur hat. Denn beim Wein vermag die Temperatur die Geruchs- und Geschmacksempfindung in positiver wie auch in negativer Hinsicht zu beeinflussen.

Hinsichtlich der richtigen Trinktemperatur gibt es einige Grundregeln, die man beachten sollte:

● Lieber einen Wein etwas zu kühl als zu warm servieren. Hierbei sind aber alle Extreme zu vermeiden. Eine zu niedrige Temperatur beim Wein schwächt die Geruchs- und Geschmacksempfindungen beim Menschen ab, und man vermag die feinen Duftstoffe nicht mehr zu erkennen. Man merkt auch etwaige Fehler des Weines weniger deutlich. Hingegen nimmt eine zu hohe Temperatur dem Wein seine Feinheit und läßt allfällige Fehler deutlicher werden. Ist die Temperatur des Weines höher als die des Gaumens, also bereits lauwarm, dann hat man keinen Wein zum Genießen mehr vor sich, sondern eher eine Art von Weinsuppe. Bei einem zu warmen Wein verflüchtigen sich die Duftstoffe rasch und der Wein schmeckt nach einigen Schlucken bereits langweilig.

● Auch die Außentemperatur spielt eine Rolle. Ein leichter, kühler Weißwein schmeckt im Hochsommer ganz anders als an einem kalten Wintertag, wo er vielleicht um eine Spur wärmer serviert werden muß. Das gleiche gilt beim Klima.

In Italien trinkt man den Rotwein im allgemeinen etwas kühler als bei uns.

● Leichte und fruchtige Weine verlangen immer eine kühlere Trinktemperatur, wenn sie richtig schmecken sollen. Ein schwerer, großer Rotwein muß sich hingegen langsam entfalten können und braucht dazu eine andere, wärmere Temperatur.

● Bei der Bestimmung der richtigen Trinktemperatur sollte man immer seinen gesunden Menschenverstand und die rein subjektive, persönliche Einstellung mitspielen lassen.

Welche «ideale Trinktemperatur» gilt nun beim Wein im allgemeinen? Hierzu einige Anhaltspunkte:

Champagner, Sekt und Schaumweine . . 6– 8°C

Einfache Weißweine (leicht, jung,
spritzig) . . . . 8–10°C

Roséweine . . . . 10–11°C

Edle und große Weißweine in
Spitzenqualität . . . . 11–12°C

Dessertweine, Likörweine, Beerenauslesen (auch Weine mit einem aromatischen Sortencharakter) . . . . 12–14°C

Einfache Rotweine (leicht und mittelschwer) . . . . 14–16°C

Große und alte Rotweine in Spitzenqualität . . . . 16–18°C

Bei diesen edlen und gehaltvollen Rotweinen wäre eine vielleicht noch feinere Differenzierung der Temperatur angebracht. So schmeckt ein Burgunder in einem etwas kühleren Zustand von 14 bis 16 Grad Celsius besser und angenehmer, als wenn er zu stark chambriert wird. Bei einem roten Bordeaux oder einem Barolo (Piemont) gilt wiederum eine Trinktemperatur von 17 bis 19 Grad als ideal. Das hängt immer mit dem betreffenden Charakter des Weines zusammen. Ein Burgunder ist eben offener und leichter zu entfalten als ein Bordeaux.

Überhaupt zum Thema des vielzitierten «Chambrieren» eines Rotweines. Der Begriff des Chambrierens stammt aus einer Zeit, als es noch keine Zentralheizung gab, die Zimmertemperatur also relativ niedrig war und selten über 18 Grad hinausging. In dieser Zeit wurde einmal eine alte Klosterregel allgemein bekannt, wonach ein Rotwein vor dem Trinken immer Zimmertemperatur haben sollte. Das hat später dazu geführt, daß manche Weintrinker die Temperatur eines Rotweines mit 22 oder vielleicht sogar mit 24 Grad für richtig halten. Eine so hohe Trinktemperatur ist aber völlig falsch und läßt jeden Wein lau und fad erscheinen.

Schließlich noch einige wohlgemeinte *Ratschläge* zum Temperieren der Weine:

- Ein Wein in der Flasche oder im Glas nimmt in einem Zimmer schnell Wärme an: etwa ein bis zwei Grad Celsius pro Stunde. Daher achte man immer darauf, daß die Serviertemperatur – also die Temperatur des Weines beim Einschenken – um etwa ein Grad unter der angegebenen «Idealtemperatur» liegt, weil sich alle Weine bei der heutigen Raumtemperatur rasch erwärmen.

- Einen zu warmen Weißwein soll man ein bis zwei Stunden vor dem Konsum in einen Kühlschrank (niemals aber in ein Gefrierfach) oder in einen Kübel mit Eiswasser geben, um ihn auf die richtige Temperatur abzukühlen. Das darf aber keineswegs dazu führen, daß man eine Flasche Wein tage- oder wochenlang im Kühlschrank beläßt. Der Wein wird dadurch tot, denn die Kälte des Eises tötet alle Duft- und Aromastoffe sowie den Geschmack des Weines. Ein ideales Kühlmittel für den Wein ist übrigens auch frisches Leitungs- oder Quellwasser. Man vermeide, jemals Eiswürfel in einen Wein zu geben.

- Hat man keine Zeit, einen gehaltvollen Rotwein rechtzeitig aus dem kühlen Keller zu holen, dann helfen folgende Tricks: Man nimmt das volle Weinglas zwischen beide Hände und wärmt den Wein mit der eigenen Körpertemperatur auf. Oder man wärmt eine Karaffe leicht an und gießt dann den zu kühlen Wein aus der Flasche um.

Die Weinflasche kann auch mit Tüchern umhüllt werden, die man zuvor in warmes Wasser getaucht und ausgewrungen hat. Niemals soll und darf man einen Rotwein zum Aufwärmen auf eine Heizung legen.

● Wer bei der Ermittlung der richtigen Trinktemperatur gerne sicher sein will, sollte sich ein Weinthermometer (Bimetall-Weinthermometer) anschaffen, das man durch den geöffneten Flaschenhals in den Wein eintaucht, oder ein Digital-Thermometer, das wie eine offene Manschette vor dem Entkorken um die Weinflasche gelegt wird und mit Hilfe der in ihr enthaltenen Flüssigkeitskristalle die Weintemperatur in farbigen Ziffern anzeigt.

Servieren von Wein

Zur gehobenen Weinkultur gehören auch einige Verhaltensregeln, die sich jeder Weinliebhaber im Laufe der Zeit aneignen sollte.

Entkorken

Die Flasche Wein ist immer vor den Augen des Gastes zu öffnen (darauf sollte man übrigens auch in einem Restaurant achten), außer es handelt sich um einen Rotwein, der einige Zeit vor dem Genuß geöffnet werden muß, um atmen zu können, also um einer Oxydation ausgesetzt zu werden.

Die Flaschenkapsel wird mit einem scharfen Messer (und nicht etwa mit der Spitze des Korkenziehers) so weit unterhalb des Flaschenmundes abgeschnitten, daß beim Ausgießen der Wein mit dem Stanniol der Kapsel nicht in Berührung kommen kann, denn sonst könnte der Wein allzuleicht einen Hauch von Metall im Geschmack bekommen. Dann reinigt man mit einer einfachen Papierserviette die Flaschenöffnung zusammen mit dem Korken und zieht den Korken langsam und behutsam heraus. Schließlich wird noch einmal mit der Serviette sorgfältig der Flaschenmund gereinigt.

Ist der Korken beim Herausziehen zerbrochen oder hat er sich zerkrümelt, was auch dem erfahrensten Weinkenner immer wieder einmal passiert, dann hilft nur eines: Man füllt den Wein in eine Karaffe um, wobei man gleichzeitig beim Umfüllen einen Trichter verwendet, in den man einen Papier-Kaffeefilter steckt. So kann man sichergehen, daß keinerlei Korkkrümel in die Karaffe und damit in den Wein gelangen.

Wenn man den Korken herausgezogen hat, so ist er anzuschauen und an der Unterseite zu beriechen, ob der Wein in der Flasche gut ist oder fehlerhaft sein könnte. Der Korken ist ja gewissermaßen die Visitenkarte des Abfüllers, durch die man einen allerersten Eindruck des Weines gewinnen kann. Auch die Länge des Korkens gibt Hinweise auf den Abfüller. Ein allzu kurzer Korken dürfte nicht viel Vertrauen verdienen.

Korkenzieher

Da ein Korken beim Herausziehen weder brechen noch bröckeln sollte, verwende man einen vernünftigen Korkenzieher, die es leider in den einschlägigen Geschäften noch immer zu selten zu kaufen gibt. Am besten ist ein Korkenzieher mit einem Flügelgriff oder mit einer sogenannten Spindelschraube. Auch ein Kellner-Korkenzieher ist ein ganz gutes Gerät, erfordert aber beim Herausziehen des Korkens am meisten Kraft. Für kostbare Rotweine, die ein Depot haben, nimmt man einen Doppelschrauben-Korkenzieher, mit dem man den Korken gleichmäßig und ruhig entfernen kann, ohne dabei das Depot aufzuwühlen. Schließlich gibt es noch die modernen Korkenzieher, die den Korken mit Hilfe von Druckluft oder Kohlensäure herauspressen, die sich aber alle bisher nicht durchsetzen konnten.

Wichtig ist bei allen guten Korkenziehern, daß sie eine hohle Metallspirale haben, das heißt, daß man in der Mitte der Spirale ein Streichholz durchstecken kann. Schaut nämlich die Spirale wie eine Schraube aus, dann kann es vorkommen, daß sich bei streng sitzenden Korken zwar die Spirale wie eine Schraube hineinbohrt, aber beim Herausziehen nicht genug greift. Man hat dann ein Loch in den Korken gebohrt, ihn selbst aber dabei nicht herausbekommen. Wichtig ist auch, daß die Spirale des Korkenziehers lange genug ist, um selbst einen 5,5 Zentimeter langen Eichenkorken eines großen Weines, wie zum Beispiel eines Bordeaux, zu durchstoßen.

Das Atmen des Weines

Fast jeder Wein, insbesondere aber Rotwein, bedarf kurz vor dem Genuß einer gewissen Oxydation, wozu der Zutritt von Luft notwendig ist. Er muß «atmen» können, um sich von seiner vorteilhaftesten Seite zu zeigen. Dabei wird das durch die Flaschenlagerung entwickelte Bukett geöffnet, das heißt, die durch Oxydation von Frucht, Säure und Alkohol entstandenen Duftstoffe werden freigemacht und können sich in vollem Umfang entfalten.

Wann soll man eine Flasche Wein entkorken?

— Einen Weißwein erst kurz vor dem Essen.

— Einen Wein mit Aroma etwa eine halbe Stunde vor dem Servieren.

— Bei Rotweinen mit einem spürbaren Bukett muß man ihr Alter berücksichtigen. Im allgemeinen sollte man alle besseren Rotweine zwei bis drei Stunden vor dem Trinken entkorken und eventuell dekantieren (siehe Seite 114).

— Sehr alte Rotweine sind zerbrechlich, haben ihre Widerstandskraft gegenüber dem Sauerstoff weitgehend verloren und sollten daher erst kurz vor dem Essen entkorkt und dekantiert werden.

Reihung der Weingläser

Bevor man einschenkt, haben selbstverständlich *alle* Weingläser auf dem Tisch zu stehen. Bei einem großen Galadîner verwendet man immer mehrere Gläser. Dabei ist darauf zu achten, daß die Gläser möglichst rechts seitlich vom Gedeck stehen, und zwar griffbereit in der Reihenfolge des Gebrauches, also von rechts nach links. Zuerst also:

— ein Glas für den Weißwein

— ein Glas für einen leichten Rotwein

— ein Glas für einen alten, schweren Rotwein (Burgund, Bordeaux u. a.)

— ein Glas für Dessertwein oder eine Flöte für einen Champagner oder Sekt

— ein Wasserglas

Falls der Aperitif nicht schon vorher serviert worden ist, was heute meistens der Fall ist, dann sollte rechts neben das erste Glas für den Weißwein noch eine Sektschale oder ein Weißweinglas für den Aperitif gestellt werden.

Bei weniger bedeutsamen Anlässen vermeide man eine solche große Gläserparade. Es genügt durchaus, wenn man wiederum von rechts nach links gereiht ein Weißweinglas, ein Rotweinglas (ein normales oder je nach Weinsorte ein Burgunder-, Bordeaux-, Elsässer- oder Veltlinerglas) und ein Wasserglas gibt. Im Laufe des Menüs ist immer das Glas für den vorangegangenen Wein zu entfernen, jedoch immer erst dann, wenn der nächstfolgende Wein bereits eingegossen worden ist.

Das Einschenken

Das Einschenken des Weines erfolgt immer auf der rechten Seite des Gastes, es sei denn, die Anordnung des Tisches oder andere Umstände ließen dies nicht zu. Die Flasche darf beim Einschenken den Rand des Weinglases nicht berühren, damit bei feinen, dünnen Gläsern nichts absplittern kann. Man hält die Flasche zwei bis drei Zentimeter über das Glas und gießt langsam und sorgfältig den Wein in das Glas, und nicht etwa künstlerisch in hohem Bogen. Beim Einschenken hält man die Flasche so, daß das Etikett nach oben zeigt und der Gast es sehen kann. Ein ganz kurzes Abdrehen der Flasche nach dem Einschenken verhindert das Nachtröpfeln. Bei Rotweinen legt man am besten eine Papier- oder Stoffserviette um den Flaschenhals, damit nichts auf das Tischtuch tropfen kann.

Die Gläser werden niemals bis an den Rand gefüllt, um genügend Platz für die Entfaltung des Buketts zu belassen. Je wertvoller der Wein ist, desto mehr Raum läßt man ihm im Glas für die Entfaltung seines Duftes. Üblicherweise gießt man Burgunder- und Bordeaux-Gläser zu einem Drittel voll, aber das ist schon Geschmackssache jedes Einzelnen.

Bei Weiß- und Rotweinen bleibt beim Eingießen das Weinglas auf dem Tisch stehen. Beim Einschenken von Sekt wird hingegen das Sektglas vom Tisch genommen, wobei es schräg zu halten ist, um ein Überlaufen zu verhindern.

In einem kleinen Kreis von Gästen empfiehlt es sich, die Flasche mit Weißwein in eine Isolierhülle zu stecken, damit der Wein nicht zu schnell warm wird. Das gleiche gilt selbstverständlich auch bei Champagner oder Sekt.

Im Gastgewerbe werden alle alten Weine in einem Flaschenkörbchen auf den Tisch gebracht, wobei der Wein aus der schrägliegenden Flasche eingeschenkt wird. Die Vermischung eines allfälligen Depots mit dem in der Flasche verbliebenen Wein unterbleibt, wenn der Weinservice richtig vorgenommen wird.

Flaschenkörbchen

Ein Flaschenkörbchen sollte man immer nur für den Transport alter Weine, die ein Depot haben, vom Keller bis zum Tisch verwenden. Es wirkt immer etwas befremdlich, einen jungen Weiß- oder Rotwein in einem Flaschenkörbchen zu servieren. Mit einem solchen Korb will man nämlich einzig und allein verhindern, daß sich beim Heraufbringen vom Keller das Depot mit dem Wein vermischt. Entkorkt man eine Flasche mit kostbarem altem Rotwein, kann man wegen des Körbchens nur einen Doppelschrauben-Korkenzieher verwenden und sonst keinen anderen. Hat man einen solchen nicht zur Hand, ist es besser, die Flasche senkrecht hinzustellen und zu entkorken. Denn wenn man versucht, eine Flasche liegend mit einem normalen Korkenzieher zu entkorken, ist es fast unmöglich, die Flasche ruhig zu halten, und man wirbelt erst recht ein allfälliges Depot auf.

Das Dekantieren

Viele große Rotweine setzen im Laufe einer mehrjährigen Flaschenlagerung oft einen Bodensatz, das sogenannte Depot (Tannin und Farbstoff) ab, was durchaus als Zeichen eines hochwertigen Weines gilt. Vermischt sich dieser Bodensatz mit dem Wein, wird das Bukett und der Geschmack des Weines bis zur Unkenntlichkeit und Ungenießbarkeit beeinträchtigt. Er ist damit freilich noch nicht verdorben, muß aber vor dem Konsum etwa ein bis zwei Tage ruhig stehengelassen werden, bis sich das Depot wieder gesetzt hat.

Solche Rotweine mit Depot müssen vor dem Genuß unbedingt dekantiert werden. Das geschieht so, daß man zunächst den Flaschenmund sorgfältig abwischt und die Flasche entkorkt. Dann gießt man äußerst behutsam den Inhalt der Flasche in eine Karaffe oder in ein Dekantiergefäß so lange um, bis die ersten Anteile des Depots an der Flaschenschulter zu sehen sind. Um dies besser erkennen zu können, hält man dabei den Flaschenhals über eine Kerzenflamme (oder Taschenlampe). Sobald die ersten Anteile des Depots mit dem Wein aus der Flasche fließen wollen, ist das Umfüllen sofort abzubrechen.

Aber Vorsicht! Alte Rotweine mit Depot sind zuweilen sehr empfindlich; das Dekantieren kann sie durch den plötzlichen Sauerstoffzusatz kaputt machen. Daher dekantiere man alte, zerbrechliche und empfindliche Weine erst im letzten Moment vor dem Servieren. Andere Rotweine mit Depot werden jedoch üblicherweise schon einige Stunden vor dem Essen dekantiert, da dieses Verfahren infolge der Sauerstoffzufuhr die Weine erfahrungsgemäß runder und weicher macht.

Nach dem Dekantieren stellt man die leere Flasche neben die volle Karaffe, damit der Gast das Etikett studieren kann. Den Korken legt man entweder unmittelbar vor die Flasche oder hängt ihn mit einem sogenannten Korken- oder Zapfenkettchen um den Hals der Karaffe.

Während man alte Rotweine mit Depot vor dem Genuß dekantieren muß, kann man Rotweine ohne Depot dann dekantieren, wenn sie schon vor ihrer Reife getrunken werden sollen. Die beim Dekantieren erfolgte Luftzufuhr ermöglicht ihnen, etwaige noch verborgene Bukettstoffe zur Entfaltung zu bringen. Hierzu muß der dekantierte Wein zwei bis drei Stunden in der offenen Karaffe dem Sauerstoff der Luft ausgesetzt werden.

Hier sei davor gewarnt, alten roten Burgunder-Wein schon stundenlang vor dem Genuß zu dekantieren. Während dies bei alten roten Bordeaux-Weinen durchaus sinnvoll sein kann, gilt dies keinesfalls beim Burgunder. Dafür gibt es mehrere Gründe. Der wichtigste davon ist, daß ein roter Burgunder mit seinem relativ niedrigen Säureanteil ein Bukett besitzt, das zwar gewaltig und überströmend sein kann, meist aber sehr flüchtig und fragil ist. Bekommt nun der Burgunder plötzlich zuviel Sauerstoff, kann sich das Bukett verflüchtigen, so daß man viel vom besonderen Genußerlebnis eines hochwertigen Burgunders verliert. Daher nimmt man am besten einen alten Burgunder einen halben oder ganzen Tag vor dem Trinken aus dem Weinregal und stellt die Flasche aufrecht an einen etwas kühleren Ort. Erst unmittelbar vor dem Servieren entkorkt und dekantiert man ihn.

Weingläser

«Glas ist nicht Glas! Eine geeignete Glasform fördert und verbessert den Geschmack jeden Weines. Das Wissen um das Zusammenspiel von Glas und Trinkgenuß steigert die Freude am Wein.» Diese Worte von Professor Claus Josef Riedel aus Kufstein in Tirol, dem international anerkannten und genialen österreichischen Glasschöpfer und -designer, drücken die Erkenntnisse eines schöpferischen Lebens aus, das der Glaskunst gewidmet war und immer noch ist.

Grundsätzlich gilt dabei die Regel: Man nehme für Weißweine kleinere und für Rotweine größere Gläser. Der Grund hierfür ist eigentlich einleuchtend. Weißwein wird aus kleineren Gläsern getrunken, weil sich nur in einem kleineren Glas der feine Duft entfalten kann; in einem großen Glas würde ein Weißwein volumiger riechen, fast hin bis zum Heuduft. Außerdem wird Weißwein immer kühler genossen als Rotwein. Er soll daher in kleineren Mengen eingeschenkt werden, weil er auf diese Weise rascher getrunken wird und der Genießer des Weines dadurch immer kühlen Wein nachgeschenkt erhält. Rotwein wird wärmer getrunken, weshalb es nichts ausmacht, wenn er etwas längere Zeit im Glas verbleibt. In Österreich und Deutschland herrscht oft eine umgekehrte Auffassung vor. Dies könnte damit zusammenhängen, daß in beiden Ländern mehr Weißwein getrunken wird und man gewöhnt ist, beim Schoppen oder beim Heurigen etwas mehr Wein im Glas zu haben.

Wein verträgt keine farbigen oder reich geschliffenen und verzierten Gläser, denn erst durch ein klares, durchsichtiges Glas kommen Farbe und Bukett eines Weines voll zur Geltung. Für einen Weinliebhaber hat die Wahl des Glases seine besondere Bedeutung, denn Wein aus verschiedenen Gläsern kann auch ganz verschieden schmecken. Bei einem bewußten Trinken aus verschiedenen Gläsern lassen sich die unterschiedlichsten Geschmackserlebnisse feststellen. Man versuche nur einmal einen Bordeaux-Wein zuerst aus einem Burgunder-Glas und dann aus einem Bordeaux-Glas zu trinken. Der geschmackliche Unterschied ist faszinierend.

Auf eine kurze Formel gebracht, läßt sich die in langen Jahren wissenschaftlich und in der Praxis erworbene Philosophie von Professor C. J. Riedel zum Thema Wein und Glas folgendermaßen zusammenfassen: «Der Geschmack bildet sich im Mund. Die Zunge erfaßt mit ihrer auf sauer reagierenden Spitze die Frucht- und Kohlensäure und damit die Spritzigkeit des Weines, der gesamte Zungenrand fühlt die Süße und das Zungenende das Salzig-Bittere.»

Aus dieser wissenschaftlichen Erkenntnis heraus hat Professor C. J. Riedel eine Glas-Serie entwickelt, die heute zur Grundlage und zum weltweiten Vorbild für richtige Weingläser geworden ist. Und das ist seine Philosophie des Trinkens aus verschiedenen Glasformen:

Glas für jungen Weißwein

Aus einem solchen Glas mit zart ausgelipptem Mundrand kann man nippen. Dabei stellt sich die Zungenspitze auf. Die feine Frucht- oder Kohlensäure wird auf der Zungenspitze gewissermaßen herausgefiltert. Erst viel später gelangt der Wein auf den süß reagierenden Zungenrand und dann weiter in den salzig-bitteren Bereich des Zungenendes.

Ein junger Wein ist infolge seines Säureanteiles oftmals spritzig. Der Entfaltung der Spritzigkeit kommt die Auslippung des Glases am oberen Mundrand entgegen. Die Säure des Weines gelangt wirbellos auf die sauer fühlende Zungenspitze. Erst eine richtige Glasform vermag daher einem Wein mit höherer Säure zu seiner geschmacklichen Vollendung zu verhelfen. Dabei ist das Glas bewußt schmal gehalten, um den Duftstoffen keinen zu großen Raum zur Ver-

117

flüchtigung zu bieten. Dadurch soll das Bukett zart hervortreten und beim Geschmack die feine Fruchtsäure voll zur Geltung bringen. Das Glas soll immer nur halbvoll eingeschenkt werden, so daß sich über dem Wein die Duftstoffe sammeln können.

Passende Weine für dieses Glas sind:

Junger Weißburgunder, Müller-Thurgau, Silvaner, Franken-Weine, Graves, Sauvignon, Hermitage, Orvieto, Soave, Tocai, Verdicchio, Frascati, grüner Veltliner, junger Riesling, junger Welschriesling, trockene Schweizer Weißweine.

Glas für alten oder kräftigen Weißwein

Alte Weine und sehr vollmundige, extraktreiche Weißweine mit großer Duftfülle (auch wenn sie jung sein sollten) entfalten sich optimal in diesem «Altweinglas». Die Oberfläche ist hier betont klein gehalten; aus dieser apfelförmigen Glasform muß man den Wein förmlich heraussaugen, weil ein Nippen nicht möglich ist. Über den scharfen Mundrand des Glases überspringt dabei der Wein die Zungenspitze und gelangt sofort auf die Zungenmitte und auf das Zungenende, wo man die leichte Edelfirne eines alten Weines oder auch die Aromafülle bestimmter jüngerer Weine voll wahrnehmen kann.

Passende Weine für dieses Glas sind:
Spitzenweine des Rieslings, Ruländer, Traminer, Chablis, Meursault, die weißen umbrischen und sizilianischen Weine (Orvieto, Torgiano, Corvo, Alcamo, Etna), Amigne, Arvine, Ermitage, Johannisberg (Wallis).

Glas für Roséwein (Ganymed-Form)
Dieses Glas ist vor allem für Roséweine, aber auch
für zarte, lichte Rotweine. Hier wird beim Trinken
durch die Auslippung am oberen Mundrand wieder
zuerst die Zungenspitze berührt, wo man die fruchti-
ge Säure wahrnimmt. Gleichzeitig fließt aber der
Wein sehr breit in den Mund. Die breitere, verkürzte,
tulpenartige Form sorgt wiederum für die Entfaltung
des Aromas.
Passende Weine für dieses Glas sind:
Weißherbst, Schillerwein, Rosé, Irouléguy, Tavel,
Lirac, Bandol rosé, Côtes de Provence rosé, Rosé
d'Anjou, Riviera del Garda rosato, Lagrein Kretzer,
Rosatello, Castel del Monte, Salice Salentino rosato,
Cirò rosato, Schilcher, Oeil de Perdrix, Ostschweizer
Süßdrucke.

Glas für jungen und einfachen Rotwein

Es ist ähnlich dem Glas für einen alten Weißwein, nur um eine Kleinigkeit größer und höher. Diese Glasform ist für den einfachen, alltäglichen Rotwein oder für junge Rotweine bestimmt, die noch nicht ihre volle Duft- und Aromaentfaltung erreicht haben.

Die verwendete Glasform und der Trinkwinkel heben bei diesem Weinglas besonders das Bukett; gleichzeitig wird der Geschmack veredelt und sogar noch gesteigert.

Passende Weine dazu sind:

Blauer Portugieser, alle jungen Beaujolais, Südtiroler Rotweine, Bardolino, Valpolicella, Blaufränkisch, Ostschweizer Blauburgunder (Clevner).

Burgunder-Glas

Anspruchsvolle Rotweine mit großem Bukett verlangen auch ein großes, bauchiges Glas, um so ihren Duft richtig entfalten zu können. Man «trinkt» solche bukettreichen Rotweine eigentlich zuerst mit der Nase und dann erst mit dem Mund. Durch leichtes Schwenken des Weines wird die Duftentfaltung noch gesteigert. Burgunder-Gläser darf man höchstens zu einem Drittel einschenken.

Passende Weine dazu sind:

Blauburgunder (Spätburgunder) aus Deutschland, Österreich und der Schweiz, alle roten Weine von Burgund und dem Piemont (Barolo, Barbaresco, Gattinara etc.), Dôle, Pinot noir.

Bordeaux-Glas

Im Gegensatz zum Burgunder-Glas hat dieses Glas eine schlanke und strenge Form. Die elegante Form dieses Glases mit seinem im Boden bauchigen und sich nach oben verjüngenden Design läßt besonders das Ergründen der komplexen Bukettstruktur der Bordeaux-Weine oder anderer feurig-herber Rotweine nachhaltig zu. Das Bukett steigt beim Einatmen langsam zur Nase empor. Außerdem wird der Geschmack der feinen Gerbsäure ungemein unterstützt und der Wein als nicht zu vollmundig empfunden. Man schenkt auch hier immer nur zu einem Drittel ein.

Passende Weine dazu sind:

Alle Bordeaux-Weine, alle besseren Weine aus der Toskana (Chianti classico, Brunello di Montalcino, Vino Nobile di Montepulciano etc.) sowie Valtellina Superiore = Veltliner, St. Magdalener, Valpolicella und schließlich Blaufränkisch oder Limberger, St. Laurent, Zweigelt, Merlot.

Dessertwein-Glas (Cupa-Form)

Dieses Glas ist immer etwas kleiner als das normale Weiß- oder Rotweinglas, denn von einem Dessertwein trinkt man schon wegen seiner Süße meist weniger. Es ist so gestaltet, daß man den Wein aus dem Glas förmlich heraussaugen muß, die Zungenspitze sofort mit dem Wein in Berührung kommt und schon der erste Schluck alle vorhandenen Aromastoffe zur Geltung bringt.

Passende Weine dazu sind:

Beeren- und Trockenbeerenauslesen, Eiswein, Ausbruch, Malaga, Moscato, Vin Santo, Marsala, Madeira, Samos und alle aufgespriteten (mit Branntwein versetzten) Likörweine, Walliser Spätlesen (mi-flétri und flétri).

Portwein-Glas

Der Portwein mit seinen ausgeprägten Wertigkeiten
verdient ein Glas, das seine verschiedenen Aroma-
Stoffe noch zusätzlich betont und seinem besonderen
Charakter Ausdruck verleiht.

Sektschale (Astischale)

Es ist dies die ursprünglichste Form des Champagner-Glases, wie sie beispielsweise Ludwig XV. verwendet hat. Das Glas ist besonders für aromatische Schaumweine gemacht worden, in das man nach alter Art auch einen trockenen Sandkuchen eintauchen konnte.

Heute verwendet man die Sektschale immer dann, wenn beim Essen zweimal Sekt serviert wird, beispielsweise einmal schon zur Vorspeise und dann zum Nachtisch. In dieser Glasform wird die Kohlensäure schneller frei, und man kann rascher trinken. Daher verwendete man früher auch den Sektquirl. Auch bei aromatischen Schaumweinen mit einem intensiveren Bukett nimmt man heute noch gerne eine Sektschale, weil sie zumindest einen Teil des kräftigen Duftes an der Nase vorbeiziehen läßt.

Passend zu diesem Glas sind vor allem die Schaumweine, die aus Muskatweinen hergestellt worden sind, wie beispielsweise: Asti spumante, Malvasia spumante, Moscato spumante usw.

Champagner- oder Sektflöte

Hier findet man zwei Glasformen vor:

a) *Kelchform:*

Die hohe Kelchform bringt das unnachahmliche Spiel der aufsteigenden Perlen der Kohlensäure sehr gut zur Erscheinung. Es wird durch zusätzlich eingeschliffene Mousseuxpunkte gelenkt und noch verstärkt.

Passend zu diesem Glas sind:

Champagner, Sekt und Schaumweine aller Länder.

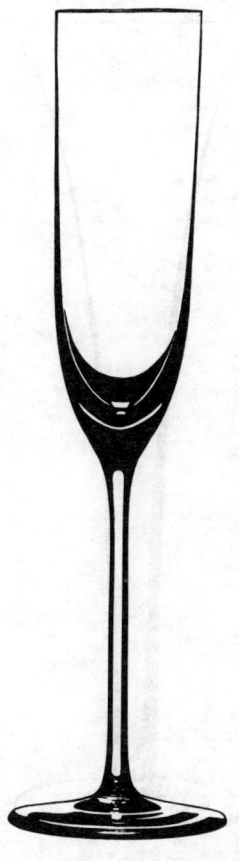

b) *Sysca-Form* (sys = zusammenziehend):
Diese Glasform dürfte wohl die geeignetste für Champagner und trockenen Schaumwein sein. Während sich bei allen anderen Gläsern beim Trinken die Mundhöhle zuerst mit Schaum füllt, ist bei dieser Glasform der Sekt- oder Champagnergenuß ohne Schaumbildung in der Mundhöhle möglich. Dies deshalb, weil durch die Sysca-Form des Glases kein Saugvorgang beim Trinken und somit kein Unterdruck auf die Flüssigkeit entsteht. Der Unterdruck bringt nämlich das gelöste Kohlendioxyd-Molekül, das als Bläschen eine Schaumbildung in der Mundhöhle erzeugt, zum Zerplatzen. Außerdem kommt bei dieser Glasform das Spiel der aufsteigenden Kohlensäureperlen optimal zum Ausdruck.

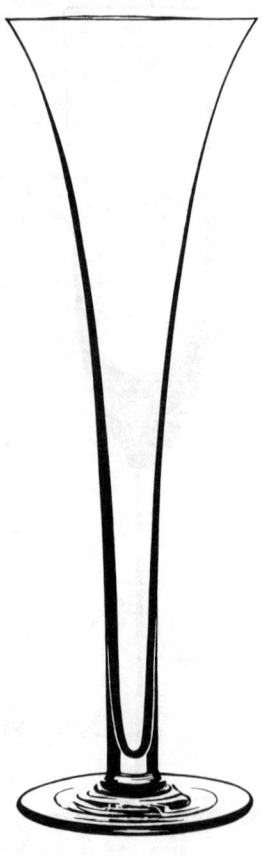

Fachausdrücke

Abgang	Eindruck, den der Wein nach dem Schlucken hinterläßt (Nachklang). Ein nachhaltiger, langer Abgang ist immer ein gutes Qualitätsmerkmal des Weines und weist auf einen hohen Extraktgehalt hin.
Alkohol(gehalt)	leicht 8–11° Alkohol mittelschwer 11–13° Alkohol schwer höher als 13° Alkohol
Aroma	Dieses wird scheinbar durch den Geschmackssinn bemerkt, in Wirklichkeit aber beim Ausatmen durch die Nase wahrgenommen. Ist ein Teil des Buketts, das Duft und Aroma umfaßt.
aufgespritet, gespritet	Weine, deren Alkoholgehalt durch Zusatz von reinem Branntwein, Weingeist oder ähnlichen Alkoholika künstlich erhöht wurde.
ausgewogen	harmonisch (s. d.)
Auslesetyp	Ausdruck für Prädikatsweine von der Qualitätsstufe aufwärts
Blume	Der Duft der leichtflüchtigen Bestandteile des Weines
brut	herb; trockenster Schaumwein
Bukett	Summe jener Stoffe, die dem Wein sein typisches, arteigenes

Geruchsbild geben. Das Bukett wird durch den Duft beim Einatmen und durch das Aroma beim Ausatmen wahrgenommen. Beide Wahrnehmungen zusammen bilden erst das Bukett des Weines.

Charakter Summe aller positiven oder negativen Geruchs- und Geschmackseigenschaften; stellt das deutlich erkennbare Bild eines Weines dar.

demi-doux/ demi-sec halbtrocken (bei Schaumweinen)

doux süß (bei Schaumweinen)

edel Prädikat zur Charakterisierung eines Spitzenweines, das leider viel zu oft gebraucht wird.

elegant Ausdruck für einen besonders harmonisch abgestimmten Wein von verfeinerter Qualität

erdig charakterisiert Bodengeschmack

Extrakt Summe der Substanzen, die gelöst im Wein vorkommen und beim Verdampfen zurückbleiben, wie Restzucker, nichtflüchtige Säuren, Farb- und Gerbstoffe, Stickstoffverbindungen, Mineralstoffe und die höheren Alkohole (z. B. Glycerin). Der Gehalt dieser Substanzen bestimmt, ob der Wein als extraktreich (vollmundig, voll, körperreich) oder als extraktarm (dünn, flach, kurz) erscheint. Je höher der Extraktgehalt, desto gehaltvoller, vollmundiger und körperreicher ist der Wein. Da die Hauptbestandteile dieser Extraktstoffe der im Wein verbliebene Restzucker und die Säuren sind, ist der «zucker- und säurefreie Extrakt» (also die Summe der nach Abzug des Restzuckers und der nichtflüchtigen Säuren verbleibenden Extraktreste) eine noch bessere Vergleichs-möglichtkeit, im die «innere Qualität» des Weines beurteilen zu können.

Extraktgehalt (zucker- und säurefrei)	extraktarm (geringer Extraktge-halt) 11–15 Gramm/Liter mittlerer Extraktgehalt 15–22 Gramm/Liter extraktreich (hoher Extraktgehalt) von 22 Gramm/Liter aufwärts
extra sec	sehr trocken (bei Schaumweinen)
fein	Umfassender Ausdruck für eine höhere Qualität. Die Inhaltsstoffe sind in quantitativer und qualitati-ver Hinsicht optimal entwickelt.
fest	Bezeichnung für einen gut aus-gewogenen Säuregehalt des Weines
feurig	meist auf Rotweine bezogene Be-zeichnung für einen kräftig schmeckenden Wein mit höhe-rem Alkoholgehalt
Finesse	edel, anmutig, delikat
flach	Nichtssagend, ohne Geschmack. Es fehlt meist ein entsprechender Säuregehalt.
fleischig	schwere und reiche Qualität; ge-wissermaßen ein Wein zum Beißen
fruchtig	ein Wein, der den typischen Ge-ruch nach frischen Trauben oder auch nach Obst aufweist.
gehaltvoll	reich an Inhaltsstoffen; siehe auch unter Extrakt
geschmeidig	angenehmer, glatter, harmoni-scher Wein mit einem wohlaus-gewogenen Säure- und Alkohol-gehalt
Goudron	Französisches Wort für Teer. Man kennzeichnet damit ein ei-genartiges, vielschichtiges, etwas an Teer erinnerndes Bukett bei ganz bestimmten Weinen (z. B. Barolo, Barbaresco etc.).

131

goût de terroir	erdig (s. d.)
halbsüß	lieblich (s. d.)
halbtrocken	Der Zuckergehalt darf beim Stillwein nicht mehr als 10 Gramm pro Liter höher liegen als der Gesamtsäuregehalt und 18 g/l nicht übersteigen. Bei Schaumweinen beträgt der maximale Zuckergehalt 33–50 g/l.
harmonisch	Alle Geschmacksanteile des Weines wie Frucht, Säure, Tannin, Alkohol etc. sind entsprechend der Sorte optimal aufeinander abgestimmt.
hart	Ein unangenehmer Geschmack, hervorgerufen durch einen zu hohen Säuregehalt und andere Faktoren. Am häufigsten bei Weinen aus unreifem Lesegut.
herb	Ein meist trockener (durchgegorener) Wein mit einem höheren Gerbstoffgehalt. In der Gastronomie werden fälschlicherweise auch säurereiche Weine mit wenig Restzucker als «herb» bezeichnet.
herzhaft	Die Duft- und Geschmacksstoffe (besonders die Säuren) treten kräftig, aber nicht unangenehm hervor.
kernig	kräftiger, nerviger, extraktreicher Wein
körperreich	siehe Extrakt
lagerfähig	Wahrscheinliche Haltbarkeit des Weines in der Flasche, beginnend mit dem ersten Lebensjahr. Die Haltbarkeit ist auch sehr vom Erntejahr abhängig. Sehr gute und ausgezeichnete Weinjahre können die Lagerfähigkeit eines Weines mitunter beträchtlich erhöhen. Man unterscheidet im allgemeinen folgende Kategorien: Jung zu trinken: möglichst im 1. Jahr nach der Erzeugung

	Sehr beschränkt lagerfähig: etwa 1–2 Jahre
	Beschränkt lagerfähig: etwa 2–3 Jahre
	Lagerfähig: etwa 4–6 Jahre
	Gut lagerfähig: etwa 5–10 Jahre
	Sehr gut lagerfähig: über 10 Jahre
lebendig	ein meist jugendlicher Wein mit fruchtiger Säure, eventuell auch mit etwas Kohlensäure
leicht	siehe unter Alkohol(gehalt)
lieblich	Bezeichnung für milde, angenehme Weine mit einem mittleren Restzuckergehalt
markant	kräftiger Wein mit bestimmten typischen Eigenschaften
mild	ein Wein mit einem etwas größeren Restzuckeranteil oder mit verhältnismäßig wenig Säure
mittelschwer	siehe unter Alkohol(gehalt)
nervig	ein besonders säurebetonter, kräftiger Wein
pfeffrig	Bezeichnung für einen speziellen würzigen Geschmack
pikant	ein Wein mit einer betonten, besonders feinfruchtigen Säure
rassig	wenn auch nicht immer ein herausragender, so doch immer ein harmonischer Wein mit vollem Körper und ausgeprägter, erfrischender Fruchtsäure
rauh	Etwas geringer als kratzig. Ursache dieses Empfindens ist meist ein zu hoher Gerbstoffgehalt.
reich	enthält viel Bukett, Geschmack und Alkohol
Reife	Zustand der höchsten Lebenskurve des Weines
Restzucker (Restsüße)	der im Wein unvergoren gebliebene, gelöste Naturzucker
robust	extraktreich, aber meist noch nicht durch das Alter (Reife) abgerundet
rund	Ein ausgeglichener Wein ohne Finesse und Größe, bei dem je-

doch Säure und Zucker harmonisch aufeinander abgestimmt sind und der eine gewisse Fülle aufweist.

samtig	ein milder, harmonischer und fülliger Rotwein mit geringem Gerbstoffgehalt
sauber	ein geruchlich und geschmacklich einwandfreier Wein
Schankwein (Schoppenwein)	Darunter ist ein meist im offenen Ausschank oder im Buschenschankbetrieb angebotener Wein (nicht Bouteillenwein) zu verstehen. Typische Schankweine sind meist trocken ausgebaut.
schwer	siehe unter Alkohol(gehalt)
sec	trocken (bei Schaumweinen)
seidig	ein Wein von sehr feiner Struktur
Sortenbukett	der typische, rebsorteneigene Geruch des Weines
spritzig	ein junger, meist frischer Wein mit viel Kohlensäure, die spürbar auf der Zunge prickelt, jedoch immer als angenehm empfunden wird
stahlig	Steigerungsform für rassige, nervige Weine von säurebetonter Art
stoffig	Bezeichnung für extraktreiche, kräftige Weine mit Fülle und Körper
süffig	Ein harmonischer Wein (oft auch mit einem leichten, oft kaum spürbaren Restzuckergehalt), der immer wieder zum Trinken anregt. Der Begriff wird meistens bei Weinen von durchschnittlichem Qualitätsniveau angewendet.
süß	Bezeichnung für Weine mit einem höheren Restzuckergehalt
Tafelwein	Weine, die entweder qualitativ geringwertig oder einfache, wohlschmeckende Tischweine oder aber Weine von hoher Qua-

	lität sind, die jedoch noch kein Prädikat besitzen.
Tannin	Zusatz vor allem bei gerbstoffarmen Weißweinen; siehe auch unter Extrakt
trocken	Ein durchgegorener Wein mit einem geringen Restzuckergehalt. Als «trocken» gelten Stillweine mit bis zu 4 Gramm Restzucker pro Liter. Trockene Schaumweine haben dagegen 17 bis 35 Gramm Restzucker je Liter.
	In Deutschland darf ein normaler Wein sogar mit bis zu 9 Gramm Restzucker pro Liter noch als trocken bezeichnet werden, wenn sein Säuregehalt mindestens 7 Gramm pro Liter beträgt. Der Unterschied zwischen Zucker und Säure soll dabei immer die Zahl 2 ausmachen (9 Gramm Restzucker und 7 Gramm Säure sind dabei die oberen zugelassenen Werte).
unreif	aufgrund zu kurzer Lagerung noch nicht genügend entwickelte Weine
Verschnittwein	Ein Wein, der nur zum Vermischen mit einem anderen Wein bestimmt ist, entweder um die Qualität zu heben (z. B. säurereicher Wein mit säurearmem Wein) oder um einen Wein mit einer bestimmten, möglichst gleichbleibenden Geschmacksrichtung zu erhalten.
voll, vollmundig	ein runder (körperreicher) Wein mit hohem Gehalt an Extraktstoffen und Alkohol
weich	Ein säurearmer Wein, wobei die Weichheit oft durch eine gewisse Süße des Weines hervorgerufen wird. Auch fehlen Rasse und Körper.

wuchtig	ein schwerer, voller Wein mit viel Körper und nachhaltigem Geschmacksausdruck
würzig	Steigerungsform von fruchtig
zart	fein, delikat

Anleitung zur Weinverkostung (Degustation)

Ein Weinliebhaber, der sich zu seinem eigenen Vergnügen zu einem Weinkenner ausbilden will, kann die Weinbeurteilung durchaus erlernen.

Der auf diesem Gebiet international anerkannte Fachmann J. Michael Broadbent schreibt in seinem Buch «Weine prüfen, kennen, genießen»: «Wer Speisen wirklich schmecken kann, kann auch Wein degustieren. Allgemein gesprochen: Was gut riecht und schmeckt, ist gut; was fremdartig riecht oder einen verdorbenen Geschmack aufweist, ist schlecht. Ich glaube, daß hier der Grund dafür liegt, daß die meisten Menschen zu einer treffenden Einstufung von verschiedenen Weinen fähig sind – einfach deswegen, weil dieser und jener besser riecht und schmeckt als der andere.»

Das ist präzise ausgedrückt die Grundbasis für die Weinbeurteilung. Selbstverständlich bedarf es dazu noch ständigen Lernens und Übens. Berufsmäßige Weinprüfer (Degustatoren) verfügen zwar über ein besonders ausgeprägtes Geschmacks- und Geruchsempfinden, müssen aber trotzdem ständig üben. Es gibt nicht wenige Weinprüfer, die fast täglich Weine verkosten, einfach um nicht aus der Übung zu kommen und um sich ständig zu perfektionieren. Denn von einem Professionellen erwartet man ein sicheres und unbestechliches Urteil über die Qualität eines Weines. Man soll aber nicht glauben, daß ein Weinprüfer gleich den Jahrgang, die Lage und vielleicht noch den Weinbetrieb errät. Zwar gibt es auf der Welt solche Talente. Sie sind aber äußerst selten zu finden und wenn, dann meistens nur unter älteren Männern, die sich ihr ganzes Leben lang dem hochklassifizierten Qualitätswein gewidmet haben. Aber hier soll nicht von berufsmäßigen Weinkennern die Rede sein, sondern von Weinliebhabern, die lernen wollen, einen Wein hinsichtlich seiner Güte zu beurteilen. Wer testen will, ob er über ein feines Geschmacksempfinden verfügt, kann folgenden Versuch machen: Man löst in einem Liter Wasser 1 Gramm Salz auf und in einem anderen Gefäß ebenfalls in einem Liter Wasser 2,5 Gramm Zucker. Wer das Salz und den Zucker richtig herauszuschmecken vermag, darf sich rühmen, eine gute Zunge zur Geschmacksbeurteilung zu haben.

Nun gibt es in Europa verschiedene Systeme zur Beurteilung des Weines, beispielsweise jene von Buxbaum, Woschek, Sernagiotto, Vedel, Asti-Toulon, AEI-ONAV. Alle diese Beurteilungssysteme orientieren sich im wesentlichen an den drei Hauptfaktoren Farbe, Geruch und Geschmack und geben ihnen eine verschieden hohe Punktebewertung.

Einen Wein verkosten, heißt nichts anderes, als einen Wein mit den natürlichen Sinnesorganen des Menschen zu prüfen und also dessen Aussehen, Geruch und Geschmack zu analysieren. Man spricht dabei von einer organoleptischen Analyse, wobei es im Gegensatz zur chemischen Analyse ausschließlich darauf ankommt, auf Grund der subjektiven Sinneseindrücke sofort die wichtigsten Merkmale des Weines herauszufinden und zu beurteilen. Man prüft daher zuerst das äußere Erscheinungsbild des Weines, dann seinen Geruch und schließlich seinen Geschmack. Als leicht faßliche Formel für die Reihenfolge einer Weinverkostung gelten die Buchstaben COS für die lateinischen Wörter Color (Farbe), Odor (Geruch) und Sapor (Geschmack).

Dazu gibt es eine nette Geschichte. Der ungarische Tokajer wurde im Ausland zuerst von den Polen entdeckt. Schon im sechzehnten Jahrhundert reisten zahlreiche polnische Weinhändler nach Ungarn, um dort den Tokajer einzukaufen. Meist reisten sie dabei zu zweit. Der eine von ihnen war der eigentliche Weinfachmann, der andere der Finanzier, der das zum Einkauf nötige Geld bei sich trug. Sobald die beiden bei einem Winzer, der Tokajer verkaufen wollte, ankamen, nahmen sie in dessen Keller der Reihe nach von allen Weinfässern Kostproben. Bei jenen Fässern, wo der polnische Weinfachmann das magische Wort COS sprach, wurde der Wein sofort gekauft und gleich bezahlt. In dieser einen Silbe faßten die polnischen Weineinkäufer alle bei einem Spitzenwein erwarteten Eigenschaften hinsichtlich Farbe, Geruch und Geschmack zusammen.

Nicht unwesentlich für eine einwandfreie Weinverkostung ist auch das dabei verwendete Glas. Es soll klar und durchsichtig sein, sich nach oben zu apfel- oder zumindest tulpenförmig verengen und einen Stiel haben. Klar, also farblos und transparent deshalb, um eindeutig die Farbe und Klarheit des Weines beurteilen zu können. Nach oben soll es apfel- oder tulpenförmig verengt sein, damit sich die Duftstoffe des Weines im Glas sammeln können und die Nase den Duft genießen kann. Und schließlich soll es auch einen Stiel haben, damit sich der Wein beim mehrfachen Anfassen des Glases nicht zu rasch erwärmt und damit die Hand auch genügend weit von der Nase entfernt ist, um eine Geruchsbeurteilung nicht durch eventuelle Düfte der Hand zu verfälschen.

Außerdem ist noch die optimale Temperatur des Weines wichtig, da ein zu kalter oder ein zu warmer Wein eine völlig andere Sinnesempfindung hervorrufen kann. Was unter optimalen Temperaturen bei Weinen zu verstehen ist, beschreibt das Kapitel «Trinktemperatur» (siehe Seite 106).

Die einfachste und vorläufig vielleicht auch die zweckmäßigste Beurteilungsmethode für Wein ist das heute am meisten angewandte internationale 20-Punkte-System, das wie folgt aussieht:

Weinbezeichnung	Punkte
I. Aussehen	
Farbe:	
– nicht entsprechende Farbe	0
– entsprechende Farbe	1
– besonders schöne Farbe	2

Klarheit:
- opalisierend, gebrochen, sätzig   0
- trüb, verschleiert, staubig   0–1
- klar (glanzlos)   1–2
- kristallklar, glanzhell, spiegelnd . . .   2

II. Geruch
- fremder, fehlerhafter, kranker, verdorbener Geruch   0
- schwacher, ausdrucksloser, charakterloser, indifferenter Geruch   1–2
- entsprechender und feiner Geruch . . .   4

III. Geschmack und Gesamteindruck
- fremder, kranker, fehlerhafter, verdorbener Geschmack   0
- fehlerfrei, rein, jedoch leer und unharmonisch   1–4
- harmonisch, jedoch leer, mit wenig Charakter   5–7
- harmonisch, voll, rund, charakteristisch harmonisch, von ausgezeichnetem Aroma und betontem Charakter   12

Nach dieser international üblichen Methode können maximal je 2 Punkte für die Farbe und Klarheit, 4 Punkte für den Geruch und 12 Punkte für den Geschmack und Gesamteindruck, somit also höchstens 20 Punkte gegeben werden. Farbe und Klarheit erhalten als Maximum nur je 2 Punkte, weil diese beiden Eigenschaften die einfachsten sind, die in einer modernen Kellerwirtschaft eingehalten werden können. Denn einen in der Farbe gebrochenen oder überhaupt einen trüben Wein wird gewiß jeder ablehnen. Für den Geruch werden bei diesem System deshalb nur 4 Punkte vergeben, weil ein nicht geschulter Weinkonsument bei seiner eigenen Beurteilung nicht so sehr den Geruch bewertet als vielmehr den Geschmack. Daher werden 12 Punkte für den Geschmack und den Gesamteindruck vergeben, denn dies dürften für einen normalen Weintrinker zweifellos die wichtigsten Eigenschaften sein.
Gehen wir nun der Reihe nach durch, was bei einer Weinverkostung alles berücksichtigt werden sollte:

Aussehen
Zunächst prüft man

> Farbe,
> Farbtiefe (Alter und Reife),
> Klarheit,
> Flüssigkeitszustand (Extraktstoffgehalt),
> Schaumbildung.

Um die *Farbe* beurteilen zu können, hält man das Glas mit Wein etwas schräg zu einer weißen Fläche. Die Farbe vermag viele Informationen über den zu prüfenden Wein zu vermitteln. *Sind die Farben klar und prägnant, lösen sie Wohlgefallen aus. Weichen sie von der üblichen Farbskala ab, deuten sie meist auf einen Fehler im Wein hin.* So weist beispielsweise eine gelbbraune Farbtönung beim Weißwein auf eine zu starke Oxydation hin, die der Wein mitgemacht hat. Bei einem gesunden Wein unterscheidet man im allgemeinen zwischen folgenden Farben:

Weißweine:	Papierweiß, hell-strohgelb, strohgelb, kräftig strohgelb, goldgelb, altgoldgelb und bernsteinfarben sowie grünliche Reflexe, Goldreflexe und Bernsteinreflexe
Rotweine:	Blauviolett, purpurrot, leicht rubinrot, rubinrot, kräftig rubinrot, rubin- bis granatrot, granatrot, orangerot und ziegelrot sowie Ziegelreflexe
Roséweine:	Kirschrot, rosarot, kupferrot, zwiebelschalenrot, hellrot sowie Orangereflexe

Bei der Farbbeurteilung ist zu berücksichtigen, daß die Blässe oder Sattheit der Farbe teilweise durch den Ursprung des Weines bestimmt wird. Die Farbtiefe gibt hingegen wichtige *Hinweise über Alter und Reifegrad* eines Weines.

Um die *Klarheit* eines Weines beurteilen zu können, hält man das Glas gegen eine Lichtquelle. Noch besser ist es, wenn man eine Hand vor die Lichtquelle hält und das Licht durch einen schmalen Spalt, der durch Zeige- und Mittelfinger gebildet wird, auf das Glas fallen läßt. Man unterscheidet im Hinblick auf Aussehen und Reinheit zwischen den Begriffen: Brillant (leuchtend), klar (durchscheinend ohne Verschleierung oder Fremdkörper), verschleiert (mit feinen Schwebstoffen), matt (undurchsichtig), trüb (sichtbare Teilchen in der Flüssigkeit) und Weinsteinausscheidung. Trübung oder Wolken im Wein durch irgendwelche undefinierbare Substanzen sind jedenfalls ein schlechtes Zeichen. Auch die Oberfläche eines Weines ist unbedingt zu betrachten; sie soll hell spiegeln und nicht matt oder schillernd oder gar fleckig erscheinen.

An dieser Stelle sei auch die berühmte silberne Schale («Tastevin») erwähnt, die zum Probieren von Rotweinen in Burgund gebräuchlich ist. So wie Zinn oder andere Metalle ist auch Silber nicht gänzlich geschmacksneutral und für eine Geschmacksbestimmung nicht ganz problemlos. Der einzig wirkliche Vorteil, den diese so oft in burgundischen Kellern verwendete ovale Schale hat, ist der, daß sie auch in einem relativ dunklen Keller bei Kerzenlicht die Farbe des zu prüfenden Weines auf der gerippten Innenwand zum Reflektieren bringt, was dann gewisse Schlüsse auf Klarheit und Sauberkeit des Weines zuläßt.

Durch die Prüfung des *Flüssigkeitszustandes* will man sich ein *Bild über den Extraktstoffgehalt eines Weines* machen. Man unterscheidet dabei zwischen leichtflüssig (mit guter Fluidität), ölig (flüssig wie Öl) und der sogenannten Bogenbildung. Große Weine mit viel Extraktstoffen und Glycerin bilden beim Schwenken des Weines im Glas Schlieren an der Glaswand, so als ob schwere, große Tränen am Glas herunterrollen würden, die sich zu breiten oder schmalen Kirchenfenstern ausformen. Dabei deuten breite Fenster im Rundbogenstil auf einen hohen Gehalt an Extraktstoffen und Glycerin hin, schmale Fenster im Spitzbogenstil hingegen auf einen etwas geringern Extraktstoffgehalt, jedoch auf einen höheren Gehalt an Alkohol und Ester. Dieses Phänomen kann man durchaus als einen zuverlässigen Hinweis auf den Körper eines Weines nehmen, doch läßt sich damit leider nicht zwischen unaufgebesserten, gehaltvollen und stark aufgezuckerten Weinen unterscheiden.

Bei einem Sekt oder Schaumwein ist wiederum die *Schaumbildung,* also die vorhandene Menge und Qualität der Kohlendioxyd-Bläschen, wichtig. Man differenziert dabei zwischen feiner und beständiger Mousse oder Perlage (kleine, aber beständig perlende

Bläschen) und kurzer und grober Mousse oder Perlage (grobe, unbeständige Bläschen). Ein guter Schaumwein sollte immer kontinuierliche, beständige und sehr feine Bläschen haben.

Geruch

Die Geruchsanalyse umfaßt folgende Komponenten:

> Intensität des Geruches,
> Bewertung des Geruches,
> Erkennen der Duft- und Aromastoffe.

Die Düfte und Aromastoffe eines Weines sind äußerst zahlreich und vielschichtig. Der Verkoster hat sich die Aufgabe zu stellen, sich diese einzuprägen, um sie dann erkennen und klassifizieren zu können.

Der natürliche Geruchssinn des Menschen gestattet es, Duftsubstanzen infolge Reizung der Sinneszellen der Riechschleimhaut in der Nase wahrzunehmen und diese Empfindung über das Nervensystem zum Gehirn weiterzuleiten, wo die Wahrnehmung registriert und formuliert wird.

Die eigentliche Geruchsanalyse erfolgt dabei in zweifacher Weise: durch das Einatmen und durch das Ausatmen. Durch das Einatmen nehmen wir den *Duft* des Weines, durch das Ausatmen das *Aroma* des Weines wahr. Die im Wein vorhandenen Duftstoffe gelangen beim Einatmen durch die Nase gasförmig und mit Luft vermischt zum Geruchssinn des Menschen. Die Aromastoffe des Weines werden hingegen erst beim Ausatmen durch die Nase festgestellt. Sobald der Wein verkostet wird, also in dem Moment, da er bereits im Munde ist oder schon geschluckt wurde, sammeln sich die Aromastoffe hinten in der Mundhöhle und werden beim Ausatmen durch die Nase zur Kenntnis genommen. Aromastoffe werden immer zu den Geruchsstoffen gezählt, obwohl man sie – aber eben nur scheinbar – durch den Geschmackssinn zu bemerken glaubt. Beide Wahrnehmungen zusammengenommen, nämlich der Duft beim Einatmen und das Aroma beim Ausatmen, bilden erst das *Bukett* des Weines.

Gehen wir bei der Geruchsanalyse wieder Schritt für Schritt vor. Bei der Beurteilung des Geruches wird das Glas Wein zunächst ruhig gehalten und der Duft eingeatmet. Man versuche dabei die *Intensität des Geruches* festzustellen, die man wie folgt abstuft: Ausgeprägt = betont (mittelbare, volle Empfindung), intensiv = stark (volle, einnehmende Empfindung), beständig (andauernde Geruchsempfindung), breit (einnehmend, weit), dünn (schwach, fein), flüchtig (kaum wahrnehmbar), zart (feine, wahrnehmbare Empfindung).

Die nächste Feststellung soll bereits zu einer *Bewertung der Geruchsqualität* führen, wobei man hier unterscheidet zwischen frisch (lebhaft, unmittelbar, jung), fruchtig (nach reifem Obst riechend), würzig (ausgeprägte Fruchtigkeit), weinig (unverfälschter Duft nach Wein), sortentypisch (typisches Sortenbukett), ätherisch (flüchtige Empfindung), zart (leichte, feine, angenehme Empfindung), delikat (gut, angenehm, wohlriechend), fein (elegant, harmonisch, lebendig), eindeutig (der festgestellte Duft bleibt), scharf (unmittelbar und spitz angreifend), durchdringend (aggressiv, beständig) und unangenehm (schlecht riechend).

Wenn man soweit ist, versuche man zu einem *Erkennen der Duft- und Aromastoffe* zu kommen. Meist sind verschiedene Duftsubstanzen im Glas vermischt. Man nimmt dabei den intensivsten Duft zuerst wahr, der aber schon nach wenigen Sekunden verschwindet, denn man hat sich daran gewöhnt. Nach kurzer Zeit schon wird man die zweite Duftsubstanz wahrnehmen können und dann vielleicht noch eine dritte oder vierte, je nach der Intensität. Es ist so, wie wenn man in ein Delikatessengeschäft geht. Man nimmt vielleicht zuerst einen intensiven Brotgeruch wahr, den man nach kurzer Zeit aber nicht mehr bemerkt, sobald man sich daran gewöhnt hat. Statt dessen spürt man vielleicht einen Käsegeruch oder Wurstgeruch, der unter Umständen von einem weiteren Duftstoff abgelöst wird.

So ähnlich ist es auch beim Wein. Es ist daher wichtig, daß man das Glas nicht zu lange unter die Nase hält. Zur Entfaltung der verschiedenen Duftsubstanzen soll man in dieser Phase der Weinbeurteilung den Wein im Glase schwenken, damit die einzelnen Duftsubstanzen aus dem Glas entweichen können und eine Unterscheidung möglich wird.

Durch ein Art von Schnüffeln und durch tiefes Einatmen werden höchstwahrscheinlich Erinnerungen an

den Geruch einer Frucht oder Blume oder an ein
Gewürz wachgerufen, wobei diese Empfindungen
selbstverständlich immer nur eine gewisse Ähnlich-
keit mit der im Glas befindlichen Duftsubstanz dar-
stellen. Solche Geruchsempfindungen können beispielsweise sein:

Obst- und Nußgerüche:	Ananas, Apfel, Aprikose, Banane, Birne, Brombeere, Erdbeere, Heidelbeere, Himbeere, schwarze Johannisbeere, Kirsche, Orange, Pfirsich, Pflaume, Zitrone, Bittermandel, frische Mandel, grüne Nußschale, Haselnuß, Kokosnuß
Blumendüfte:	Freesie, Goldaster, Holunder, Klee, Liguster, Pfingstrose, Pfirsichblüte, Rebblüte, Reseda, frische oder gedörrte Rose, Veilchen, Weißdorn
Gewürzdüfte:	Anis, Basilikum, Fenchel, Gartensalbei, Gewürznelke, Lakritze, Lorbeer, Majoran, Vanille, Wacholder, Zimt, Zitronenmelisse
Verschiedene Gerüche:	Amber, Brotrinde, Butter, Erde, Fell, Feuerstein, geschnittenes Gras, Hefe, Heu, Hühnermist, Honig, Kaffee, Käserinde, Knoblauch, Rosinen etc.

Grundsätzlich gibt es zwei *Dufttypen.* Der eine bereits oben erwähnte umfaßt Früchte, Blumen oder
Gewürze, der andere ist durch die zarten, vielleicht
an Pflanzen, Brot, Teer, Bienenwachs, Hefe, Kaffee
etc. erinnernden Duftnoten geprägt und fällt meist
schon unter die Aromastoffe, die man nach einem
Schluck Wein beim Ausatmen wahrnimmt. Um diesen zweiten Geruchstyp herauszufinden, braucht
man schon eine ganz erhebliche, langjährige Erfah-
rung.
Wesentlich ist, daß man versucht, die *Gesamtheit der
Geruchswahrnehmungen, das Bukett des Weines
(Duft und Aroma), zusammen mit der Reife des Weines herauszufinden.* Je reifer ein Wein ist, desto
größere Bedeutung hat die Geruchsbeurteilung. *Jedenfalls soll man darauf achten, ob das Bukett des
Weines entfaltet, ehrlich und harmonisch ist und*

keine innerlichen Aversionen hervorruft. Man merke sich dabei eines: Das Bukett eines wirklich großen Weines ist nicht nur überwältigend, sondern klingt noch lange nach, auch wenn der letzte Tropfen ausgetrunken ist.

Wer sich beim Erkennen der Duft- und Aromastoffe selbst schulen will, sei auf die Duftkassette von Jean Lenoir aufmerksam gemacht, der unter dem Titel «Le Nez du Vin» eine Art Aroma-Schnüffelbuch herausgebracht hat. Die 28,5 × 36 cm große und 3,5 Kilogramm schwere Kassette besteht aus 54 ausgewählten Aromastoffen in kleinen Flakons (ähnlich Parfumflakons), die jeweils mit Identitätetiketten versehen sind. Solche Aromastoffe gibt es beispielsweise für Aprikosen, Akazien, Bittermandeln, Anis, Schlehdorn, Banane, Johannisbeeren, Weichsel, Eiche, Rose, Heu, Erdbeeren, Himbeeren, Nelke, Muskatnuß, Minze, Honig, Moschus, Haselnuß, Orangen, Pfeffer, Apfel, Pflaumen, Thymian, Trüffel, Vanille, Veilchen, Teer, Schwefel etc. Außerdem gehört zu dieser Kassette noch ein fünfundzwanzig Seiten starkes Büchlein, das eine wissenschaftliche Grundlage für die verschiedenen Weinaromen abgibt. Die Kassette ist ein wichtiger Lernbehelf für Berufsweinkenner, Weinbauern, Weinhändler sowie für passionierte Hobby-Weinverkoster und kann von der Buchhandlung Enge, CH-8027 Zürich, Bleicherweg 56 (Tel. 01/201 20 78) bezogen werden.

Geschmack

Nach der Geruchsanalyse folgt die Geschmacksbeurteilung. Sie umfaßt:

> Geschmacksempfindungen,
> Harmonie = Gleichgewicht (Säure, Weichheit, Tannin),
> Nachgeschmack,
> Abgang (Nachklang).

Wie geht man nun bei der Geschmacksbeurteilung vor? Man nimmt soviel Wein in den Mund, daß man den Schluck leicht über die ganze Zungenoberfläche rollen lassen kann, um den Wein mit möglichst vielen Geschmackspapillen der Zunge in Berührung zu bringen. Man darf dabei den Wein sogar schlürfen, denn die durch das Schlürfen bewirkte Sauerstoffzufuhr verdeutlicht die Sinneseindrücke. Man schlägt dabei mit der Zunge leicht gegen den Gaumen und «beißt» gewissermaßen den Wein, das heißt, man kaut ihn wie eine feste Speise. Diesen Vorgang wiederholt man so oft, bis man sich ein Urteil über den Wein gebildet hat.

Dieser für den Laien vielleicht komische Vorgang hat folgenden Zweck: Durch die Geschmacksnerven der Zunge, die sogenannten Geschmackspapillen, kann man nur vier *Geschmacksempfindungen* wahrnehmen: sauer, süß, salzig und bitter. Alle anderen Empfindungen sind aromatischer Art und werden nicht durch die Zunge, sondern durch den Geruchssinn beim Ausatmen wahrgenommen. Die Geschmackspapillen reagieren an jeder Stelle anders. Die Zungenspitze reagiert auf süß und auf Kohlensäure (Frische), der Zungenrand vorne auf salzig, hinten auf sauer und der Zungenhintergrund auf bitter. Im Wein fehlt jeglicher Salzgeschmack. Daher setzt sich der eigentliche Geschmack des Weines nur aus den drei Empfindungen sauer, süß und bitter zusammen.

Der Wein ist ein lebendes, recht komplexes Produkt und besteht aus etwa vierhundert Substanzen. In groben Umrissen ist die *chemische Zusammensetzung des Weines* etwa folgende: Alkohole (Äthylalkohol, geringe Mengen Methylalkohol, Glycerin, höhere Alkohole, wie Propylalkohol, Isobutylalkohol, Amylalkohol), Säuren (Weinsäure, Apfelsäure, Milchsäure, Zitronensäure, Essigsäure, Bernsteinsäure, Aminosäure, Propionsäure), Kohlenhydrate oder Saccharide (Traubenzucker, Fruchtzucker, Pektinstoffe), Stickstoffverbindungen (Eiweißstoffe), Mineralstoffe und Spurenelemente, Vitamine, Bukett-, Farb- und Gerbstoffe, Fermente, Kohlendioxyd und als Lösungsmittel Wasser, das etwa 65 bis 85 Prozent der Weinmenge ausmacht. Allerdings vermag man bei einer Verkostung mit unseren Sinnesorganen nur einen recht geringen Teil davon wahrzunehmen, und zwar nur jene Bestandteile, die eben in ausreichender Menge im Wein vorhanden sind und die Schwelle zur Sinneswahrnehmung übersteigen.

Grundsätzlich beurteilt man bei einer Geschmacksanalyse die bestehende *Harmonie* oder anders gesagt das *herrschende Gleichgewicht im Wein zwischen Säuregehalt und Weichheit* und beim *Rotwein noch den Tanningehalt.* Beim Verkosten eines Weißweines verspürt man zuerst den Gesamtgehalt an Säuren, die im Wein enthalten sind. Er besteht in erster Linie aus der Weinsäure, die am konzentriertesten vorhanden ist, und aus den übrigen Säuren. Unmittelbar danach nehmen wir im Munde eine Empfindung wahr, die man am besten als Weichheit oder Samtigkeit bezeichnen könnte. Dieser Eindruck der Weichheit oder Samtigkeit des Weines wird durch eine Reihe von Komponenten hervorgerufen, beispielsweise durch Restzucker (Saccharide), Glycerin, sonstige Extraktstoffe und die Alkohole, die im Wein enthalten sind.

Ein junger, noch unausgereifter Weißwein wird den Eindruck eines zu hohen Säureanteils vermitteln, weshalb er als unharmonisch empfunden werden mag. Hingegen hat ein alter, firniger Weißwein vielleicht schon zuviel an Säure abgebaut, weshalb die Sinne ihn gleichfalls als unharmonisch registrieren. Erst ein Wein, bei dem Säure und Weichheit in einem gut abgestimmten Verhältnis zueinander stehen, wird als harmonisch empfunden.

Beim Rotwein kommt zur Säure und Weichheit noch ein drittes Beurteilungskriterium beim Geschmack hinzu, nämlich der Gehalt an Tannin (Gerbsäure). Hier müssen also drei Komponenten in einem ausgeglichenen Verhältnis zueinanderstehen, wenn er als harmonisch gelten soll.

Weiter unterscheidet man bei der Geschmacksbeurteilung zwischen Nachgeschmack und aromatischem Abgang. Man nimmt beim Trinken zunächst einen Teil des Weines in den Mund und hat dabei sofort eine bestimmte Geschmacksempfindung vom Wein. Dann schluckt man den Wein hinunter. Hat man nach dem Schlucken eine andere Empfindung als vorher, dann liegt ein *Nachgeschmack* vor. Gewöhnlich ist er sauer oder bitter. Ein saurer Nachgeschmack deutet auf ein Übermaß von Säure, also meist auf ein unharmonisches Verhältnis im Wein hin. Ein bitterer Nachgeschmack kann eine positive oder negative Empfindung auslösen. Ist es ein leicht bitterer Nachgeschmack etwa nach Bittermandeln oder infolge des Tanningehaltes ein angenehm herb-bitterer Geschmack, der im Mund ein leicht zusammenziehendes Gefühl vermittelt, so ist er durchaus als positiv zu bewerten. Ist er aber zu bitter oder trocknet er infolge des zu hohen Tanningehaltes den Mund aus oder schmeckt er etwa gar nach Metall, dann wird ein bitterer Nachgeschmack meist als unangenehm empfunden.

Eine andere Art des Nachempfindens beim Wein ist der geschmackliche Nachklang, der sogenannte aromatische *Abgang*. Man vergleicht dabei gleichfalls den Schluck Wein nach dem Trinken mit jener Empfindung, die man gehabt hatte, als man noch den Wein im Munde hatte. Bemerkt man nach dem Hinunterschlucken des Weines immer noch einen intensiven, anhaltenden und zwar *gleichen* Geschmack wie vorher, dann lausche man innerlich in sich hinein und zähle die Sekunden, wie lange man einen solchen intensiven Geschmack noch zu verspüren meint. Klingt er etwa vier Sekunden nach, dann spricht man von einem kurzen Abgang. Klingt er etwa acht Sekunden nach, dann bewertet man ihn als guten Abgang, und klingt er sogar zwölf oder mehr Sekunden nach, dann spricht man von einem langen Abgang.

Bei einer Weinverkostung können die menschlichen Sinnesorgane für das Sehen, für den Geruch und für den Geschmack ein sofortiges Urteil über die Charaktereigenschaften des Weines vermitteln. Für eine Weinbeurteilung muß allerdings vorausgesetzt werden, daß man selbst gesund, vor allem nicht erkältet ist, da bei jeder Erkältungskrankheit eine richtige Geruchs- oder auch Geschmackswahrnehmung kaum möglich sein wird.

Bei der ganzen Weinverkostung wird man als Ungeübter oder Ungeschulter höchstwahrscheinlich neunvon zehnmal nichts sonderlich Bemerkenswertes feststellen. Vielleicht aber wird man beim zehnten Mal ganz überraschend zur Erkenntnis kommen, was einen guten Wein von einem schlechten unterscheidet und welche Besonderheiten bei jedem Wein seine Größe oder seine Schwäche ausmachen. Und je öfter man eine Weinverkostung mitmacht, desto mehr wird man zur richtigen Einschätzung der vielfachen und oftmals nur feinen Unterschiede im Wein kommen.

Qualitätshinweise und Jahrgangsbeurteilung

DEUTSCHE WEINE

Das deutsche Weingesetz unterscheidet drei *Qualitätsklassen:*

Qualitätswein mit Prädikat:
– Kabinett
– Spätlese
– Auslese
– Beerenauslese
– Trockenbeerenauslese
– Eiswein

Qualitätswein bestimmter Anbaugebiete (Qualitätswein b.A. oder Q.b.A.)
Deutscher Tafelwein
Deutscher Landwein

Qualitätswein bestimmter Anbaugebiete, Q.b.A.=VQPRD (siehe «Französische Weine»)

Daneben gibt es in der Bundesrepublik Deutschland eine Reihe von *Gütezeichen*:

– Deutsches Weinsiegel (rot), möglich bei allen Weinen, häufig bei lieblichen
– Deutsches Export-Weinsiegel (gold)

- Deutsches Weinsiegel «Trocken» (gelb), für trockene Weine und «Diabetikerweine» mit DLG-Rückenetiketten
- Deutsches Weinsiegel «Halbtrocken» (grün), für halbtrockene Weine (nicht in Baden und Bayern)
- Gütezeichen des Badischen und Fränkischen Weinbauverbandes
- Bundes-Weinprämierungen der Deutschen Landwirtschafts-Gesellschaft / DLG (Bronzener Preis, Silberner Preis, Großer Preis, Ehrenpreis des Bundesministers für Ernährung, Landwirtschaft und Forsten)
- Kammer-, Gebiets- oder Landes-Weinprämierungen (Bronze, Silber, Gold)
- Staatsehrenplakette (Bronze, Silber, Gold) etc.

Einige Bemerkungen zu den *Qualitätsstufen* der deutschen Weine:

1. und oberste Stufe:
    Qualitätswein mit Prädikat (Prädikatswein) = Wein der obersten Güteklasse.
    Beispiel: 1974er *Oppenheimer Krötenbrunnen*, Silvaner Kabinett, Qualitätswein mit Prädikat A.Pr. Nr. ..., Rheinhessen, Zentralkellerei Rheinischer Winzergenossenschaften e.G., Gau-Bickelheim / Rheinhessen

2. Stufe:
    Qualitätswein oder Qualitätswein b.A. (= bestimmter Anbaugebiete) = Q.b.A.-Wein aus einem der elf bestimmten Anbaugebiete: Ahr, Mosel-Saar-Ruwer, Mittelrhein, Rheingau, Nahe, Rheinhessen, Rheinpfalz, Hessische Bergstraße, Franken, Württemberg, Baden.
    Beispiel: Baden 1975er, Bereich *Kaiserstuhl-Tuniberg*, Müller-Thurgau, Qualitätswein A.Pr.Nr. ..., Zentralkellerei Badischer Winzergenossenschaften EG, Breisach am Kaiserstuhl

3. Stufe:
    Deutscher Tafelwein (Landwein) = Weine der untersten Qualitätsstufe (einfacher «Tafelwein» muß nicht unbedingt deutscher Herkunft sein).
    a) Landwein: Qualitativ gehobener Tafelwein mit gebietstypischem Charakter. Er muß ausschließlich von Weintrauben stammen, die in einem der fünfzehn Gebiete für Land-

wein geerntet worden sind: Ahrtaler Landwein, Landwein der Mosel, Landwein der
Saar, Rheinburgen-Landwein, Altrheingauer
Landwein, Nahegauer Landwein, Rheini-
scher Landwein, Pfälzer Landwein, Starken-
burger Landwein, Fränkischer Landwein,
Regensburger Landwein, Bayerischer Bo-
densee-Landwein, Schwäbischer Landwein,
Südbadischer und Unterbadischer Landwein. Landweine müssen zudem der Ge-
schmacksrichtung (trocken) oder «halbtrocken» entsprechen.

b) Deutscher Tafelwein: Er muß aus den vier
Weinanbaugebieten Rhein-Mosel, Bayern,
Neckar und Oberrhein und deren acht Un-
tergebieten stammen.
Beispiel: Bereich *Bernkastel,* Riesling,
Deutscher Tafelwein, Mosel, Deinhard-
Weinkellerei Koblenz

Auf dem *Etikett* sind folgende Angaben vorge-
schrieben:
Qualitätswein und Qualitätswein mit Prädikat:
Das bestimmte Anbaugebiet, die Bezeichnung
«Qualitätswein», «Qualitätswein b.A.» oder
«Qualitätswein mit Prädikat» in Verbindung
mit einem Prädikat, Nennvolumen (Flaschen-
inhalt), Name oder Firma des Abfüllers sowie
Gemeinde oder Ortsteil des Hauptsitzes bzw.
Angabe des tatsächlichen Abfüllungsortes, die
amtliche Prüfungsnummer.
Außer dem bestimmten Anbaugebiet können
Bereiche und Lagenamen mit Gemeinde oder
Ortsteil genannt werden.

Tafel- und Landwein:
Die Bezeichnung «Deutscher Tafelwein»
(auch für Landwein), Nennvolumen (Fla-
scheninhalt), Name oder Firma des Abfüllers
sowie Gemeinde oder Ortsteil des Hauptsitzes
bzw. Angabe des tatsächlichen Abfüllungsortes, Angabe des eventuellen Verschnittes u.a.
Beim Landwein, der auch als Deutscher Tafelwein zu deklarieren ist, ist die Nennung der
Landweingebiete und der Bereiche zulässig;

engere Herkunftsbezeichnungen sind jedoch nicht gestattet.

Beim Deutschen Tafelwein können die Namen der Weinbaugebiete und Untergebiete aufgeführt werden; Lagenamen sind nicht erlaubt.

Jahrgangsbeurteilung:

Ausgezeichnet: 1945, 1949, 1953, 1959 (teilweise), 1967 (teilweise), 1971, 1976

Sehr gut: 1947, 1959 (teilweise), 1975 (teilweise), 1983, 1985, 1988

Gut: 1946, 1948 (teilweise), 1952, 1958, 1962, 1963, 1964, 1966, 1967, 1969, 1970, 1973, 1975 (teilweise), 1979, 1982, 1986 (teilweise)

Mäßig: 1948 (teilweise), 1950, 1951, 1955, 1957, 1960 (teilweise), 1961, 1974, 1977 (teilweise), 1978, 1980 (teilweise), 1981, 1984 , 1987 (teilweise)

Schlecht: 1954, 1956, 1960 (teilweise), 1965, 1968, 1972, 1980 (z.T.)

FRANZÖSISCHE WEINE

In Frankreich werden die Weine in folgende *Gruppen* eingeteilt:

AC (Appellation contrôlée) oder AOC (Appellation d'origine contrôlée) = Qualitätswein, das heißt Wein mit kontrollierter Ursprungsbezeichnung

VDQS (Vin délimité de qualité supérieure) = Wein höherer Qualität aus begrenzten Anbaugebieten: Lothringen, der Westen Zentralfrankreichs, Savoyen und das Lyonnais, das Rhonetal und die Provence, das Languedoc und das Roussillon, Aquitanien

VQPRD (Vin de qualité provenant de régions délimitées) = Qualitätswein bestimmter Anbaugebiete, Q.b.A.

und der Südwesten Frankreichs

Landweine (Vin de pays)
= Elite der Tafelweine von bestimmter Herkunft (Name des
betreffenden Departements oder
der Produktionszone auf dem Etikett)

Andere Tafelweine

Die *AC-Gütekategorie* ist eine vom französischen
Landwirtschaftsministerium kontrollierte Ursprungsbezeichnung; sie sieht eine obligate Qualitätskon-
trolle der Weine vor und setzt auch ein bestimmtes
Höchstertragslimit der genau umgrenzten Weinbaugebiete fest.

Die *VDQS-Klassifizierung*, 1949 durch Gesetz ge-
schaffen, gilt für Qualitätsweine, deren Ursprung und
Qualität dank genauer Kontrolle garantiert wird. Die
Bestimmungen sind etwas weniger streng wie bei den
AC-Weinen und werden ebenfalls durch das Land-
wirtschaftsministerium festgelegt.

Zur Beurteilung der *AC-Qualitätsweine* sollte man
sich vielleicht folgende Faustregel merken: Je genauer auf dem Etikett der geographische Name angegeben ist, desto höher dürfte auch die Qualität einzu-
stufen sein.

Im allgemeinen gilt in Frankreich folgende *Qualitäts-
pyramide:*

1. und oberste Stufe:
   Appellation de cru = Einzellage in der Gemeinde.
   Je nach Güte der Lage werden die Weine in
   verschiedene Crus classés eingeteilt:
   a) (Premiers) Grand crus oder Têtes de cu-
   vée oder ähnliche Bezeichnungen (z.B.
   Grand cru Le Montrachet oder Premier
   grand cru classé Château-Margaux).
   Es wird einzig der alleinstehende Lagena-
   me bzw. das Weingut, Château oder Ent-
   sprechendes angegeben.

b) Premiers crus (z.B. Chassagne-Montrachet, Abbaye de Morgeot oder Château Brane-Cantenac Margaux); ferner gibt es – nur im Médoc – Deuxièmes crus, Troisièmes crus etc. bis Cinquièmes crus.
Es wird der Ortsname mit der Lagebezeichnung festgehalten.

2. Stufe:

Appellation communale = Gemeindeweine (z.B. Montrachet oder Margaux).
Auf dem Etikett steht nur der Name der Gemeinde.

3. Stufe:

Appellation régionale = Distriktsweine (z.B. Côte de Beaune oder Haut-Médoc).
Das Etikett enthält nur den Namen des Distrikts oder der Region.

4. Stufe:

Appellation générique = Gebietsweine (z.B. Bourgogne oder Bordeaux).
Nur der Name des ganzen Weinbaugebietes wird genannt.

Für Weine mit kontrollierter Ursprungsbezeichnung sind auf den *Flaschenetiketten* folgende Bezeichnungen obligatorisch:
«Appellation contrôlée» oder «Appellation d'origine contrôlée», wobei die Appellation des Weines dazwischen steht (z.B. Appellation Bordeaux contrôlée), Name und Geschäftsart der Abfüllfirma sowie Hauptadresse, Nettoinhalt, für den Export die Bezeichnung «France», «Produit en France» oder «Produce of France».
Erlaubte Bezeichnungen sind:
Abfüllung auf dem Weingut selbst (mis en bouteille au château, au domaine etc.), Angabe des Jahrgangs. Zusätzlich auch: Name und Adresse des Besitzers, der Produktionsfirma (Cave, Coopérative, Domaine, Clos, Château etc.), Qualitätsbezeichnungen. Daneben gibt es noch besondere traditionelle Zusatzbezeichnungen.

Jahrgangsbeurteilung:

Roter Bordeaux

Ausgezeichnet: 1811, 1858, 1864, 1865, 1870, 1874, 1875, 1900, 1928, 1929, 1945, 1947, 1949, 1953, 1959, 1961, 1975, 1982, 1985

Sehr gut: 1952, 1955, 1962, 1964, 1966, 1970, 1971, 1978, 1979, 1981, 1983

Gut: 1946, 1948, 1967, 1976, 1980, 1984, 1986

Mäßig: 1950, 1973, 1977

Schlecht: 1951, 1954, 1956, 1957, 1958, 1960, 1963, 1965, 1968, 1969, 1972, 1974

Weißer Bordeaux (trocken)

Ausgezeichnet: 1900, 1904, 1921, 1929, 1937, 1945, 1947, 1949, 1955, 1959, 1967, 1976, 1979

Sehr gut: 1950, 1953, 1962, 1970, 1971, 1975, 1980, 1981, 1982, 1986

Gut: 1948, 1952, 1957, 1958, 1961, 1966, 1974, 1978, 1983, 1985

Mäßig: 1969, 1973, 1984

Schlecht: 1946, 1951, 1954, 1956, 1960, 1963, 1964, 1965, 1968, 1972, 1977

Sauternes

Ausgezeichnet: 1811, 1847, 1900, 1921, 1929, 1937, 1945, 1947, 1949, 1955, 1959, 1967, 1976, 1979

Sehr gut: 1904, 1926, 1928, 1934, 1942, 1943, 1950, 1953, 1962, 1970, 1971, 1975, 1980, 1981, 1982, 1986

Gut: 1906, 1914, 1916, 1917, 1920, 1924, 1939, 1948, 1952, 1957, 1958, 1961, 1966, 1974, 1978, 1983, 1985

Mäßig: 1909, 1913, 1915, 1918, 1923, 1925, 1927, 1935, 1936, 1938, 1944, 1969, 1973, 1984

Schlecht:	1901, 1902, 1903, 1905, 1919, 1922,
	1930, 1931, 1932, 1933, 1940, 1941,
	1946, 1951, 1954, 1956, 1960, 1963,
	1964, 1965, 1968, 1972, 1977

Roter Burgunder

Ausgezeichnet:	1906, 1911, 1919, 1928, 1929, 1937,
	1945, 1947, 1949, 1959, 1961, 1966,
	1969, 1971, 1976, 1979

| Sehr gut: | 1953, 1962, 1964, 1985 |

| Gut: | 1952, 1954, 1955, 1957, 1967, |
| | 1970, 1978, 1981, 1982, 1983 |

| Mäßig: | 1948, 1950, 1973, 1974, 1980, |
| | 1984, 1986 |

| Schlecht: | 1946, 1951, 1956, 1958, 1960, 1963, |
| | 1965, 1968, 1972, 1975, 1977 |

Weißer Burgunder

Ausgezeichnet:	1906, 1911, 1919, 1921, 1923,
	1928, 1929, 1933, 1934, 1937,
	1945, 1947, 1949, 1950, 1952,
	1955, 1962, 1966, 1969, 1971

Sehr gut:	1945, 1947, 1952, 1953, 1959,
	1961, 1964, 1967, 1973, 1978,
	1979, 1982, 1983, 1985

| Gut: | 1950, 1957, 1970, 1976, 1981, |
| | 1984, 1986 |

| Mäßig: | 1946, 1948, 1972, 1974, 1977, 1980 |

| Schlecht: | 1951, 1954, 1956, 1958, 1960, |
| | 1963, 1965, 1968, 1975 |

Côtes du Rhône

| Ausgezeichnet: | 1961, 1978 |

| Sehr gut: | 1957, 1962, 1966, 1969, 1976, |
| | 1979, 1983, 1985 |

| Gut: | 1955, 1958, 1959, 1964, 1967, |
| | 1970, 1971, 1972, 1980, 1981 |

| Mäßig: | 1954, 1956, 1960, 1973, 1974, 1982 |

| Schlecht: | 1963, 1965, 1968, 1975, 1977, |
| | 1984, 1986 |

Elsaß

Ausgezeichnet: 1959, 1961, 1964, 1971, 1976,
1983, 1985

Sehr gut: 1955, 1969, 1973, 1979, 1981

Gut: 1962, 1967, 1970, 1975, 1978,
1982, 1984

Mäßig: 1957, 1958, 1960, 1966, 1974, 1977

Schlecht: 1954, 1956, 1963, 1965, 1968,
1972, 1980, 1986

Loire:

Ausgezeichnet: 1959, 1976

Sehr gut: 1955, 1961, 1964, 1971, 1973,
1978, 1985

Gut: 1962, 1966, 1969, 1970, 1975,
1979, 1981, 1982

Mäßig: 1957, 1958, 1967, 1980, 1983, 1986

Schlecht: 1954, 1956, 1960, 1963, 1965,
1968, 1972, 1974, 1977, 1984

Jahrgangs-Champagner

Ausgezeichnet: 1904, 1911, 1921, 1928, 1937, 1945,
1953, 1955, 1959, 1964, 1976, 1982

Sehr gut: 1947, 1949, 1952, 1962, 1966,
1970, 1971, 1975, 1985

ITALIENISCHE WEINE

Die italienischen Weine werden in fünf *Güteklassen* eingeteilt:

DOCG (Denominazione di origine controllata e garantita) = Weine der höchsten Qualitätsstufe mit staatlichem Gütesiegel (Barbaresco, Barolo, Brunello di Montalcino, Vino Nobile di Montepulciano, Chianti)

DOC (Denominazione di origine controllata) = Qualitätswein aus festgelegten Rebsorten, der in bestimmten Gebieten verarbeitet und gealtet werden muß.

VQPRD = Qualitätswein bestimmter Anbaugebiete, Q.b.A.

Vino da tavola con denominazione geografica = Tafelwein mit geographischer Herkunftsbezeichnung (Weine aus geographisch genau abgegrenzten Gebieten, Gemeinden oder Teilen von Gemeinden, Provinzen und Regionen) und evtl. Bezeichnung der Farbe und Rebsorte.

Vino tipico = Landwein. Diese Gütestufe entspricht etwa dem Landwein in Deutschland oder dem Vin de Pays in Frankreich.

Vino da tavola senza denominazione geografica = Tafelwein unbestimmter Herkunft, meist einfache Tischweine mit Phantasienamen

Auf dem *Etikett* der Weine – DOCG, DOC, Landwein, Tafelwein – hat zumindest der Name des Weines, die Kategorie, der Name des Abfüllers, der Abfüllungsort und der Inhalt zu stehen.

Häufige *Aufschriften* auf italienischen Flaschenetiketten:

Imbottigliato nello stabilimento della ditta...

Kellereiabfüllung der Firma...

Imbottigliato all'origine	Weingutabfüllung
Imbottigliato del produttore all'origine	
Messo in bottiglia nell'origine	
Infiascato alla fattoria	Von der Weinkellerei in Fiaschi abgefüllt
Casa Vinicola	Weinhandlung
Cantina (oder: cooperativa) sociale	Winzergenossenschaft
Consorzio	Örtliche Winzervereinigung

Jahrgangsbeurteilung:

Barolo (Piemont)

Ausgezeichnet:	1947, 1958, 1961, 1964, 1971, 1978, 1982
Sehr gut:	1945, 1951, 1952, 1957, 1962, 1965, 1967, 1970, 1974, 1979, 1980, 1983, 1985, 1986
Gut:	1946, 1950, 1954, 1955, 1968, 1969, 1981
Mäßig·	1948, 1949, 1956, 1963, 1973, 1975, 1976, 1977, 1984
Schlecht:	1953, 1959, 1960, 1966, 1972

Gattinara (Piemont)

Ausgezeichnet:	1952, 1964, 1974, 1982
Sehr gut:	1945, 1946, 1950, 1955, 1958, 1961, 1968, 1969, 1970, 1976, 1979, 1980, 1983, 1985, 1986
Gut:	1947, 1949, 1954, 1957, 1962, 1965, 1967, 1975, 1978, 1981
Mäßig:	1948, 1953, 1956, 1959, 1960, 1966, 1971, 1973, 1977, 1984
Schlecht:	1951, 1963, 1972

Valtellina = Veltliner (Lombardei)

Ausgezeichnet: 1970, 1971, 1978, 1982, 1985

Sehr gut: 1969, 1975, 1979, 1980, 1981, 1983, 1986

Gut: 1967, 1968, 1973, 1984

Mäßig: 1974, 1976

Schlecht: 1972, 1977

Kalterersee = Lago di Caldaro (Südtirol)

Ausgezeichnet: 1949, 1952, 1969

Sehr gut: 1954, 1959, 1961, 1964, 1968, 1975, 1981, 1983, 1985

Gut: 1948, 1958, 1962, 1966, 1971, 1972, 1973, 1974, 1976, 1977, 1978, 1980, 1982, 1984, 1986, 1987, 1988

Mäßig: 1946, 1947, 1950, 1953, 1955, 1957, 1960, 1967, 1970, 1979

Schlecht: 1945, 1951, 1956, 1963, 1965

Bardolino (Venetien)

Ausgezeichnet: 1957, 1962, 1969

Sehr gut: 1964, 1967, 1971, 1976, 1977, 1979, 1981, 1982, 1983, 1985

Gut: 1953, 1956, 1966, 1968, 1970, 1973, 1974, 1975, 1978, 1980, 1984, 1986, 1987, 1988

Mäßig: 1954, 1955, 1961, 1965, 1972

Schlecht: 1958, 1959, 1960, 1963

Soave (Venetien)

Ausgezeichnet: 1966, 1969

Sehr gut: 1967, 1970, 1974, 1976, 1977, 1979, 1981, 1983, 1985

Gut: 1968, 1971, 1973, 1975, 1978, 1980, 1982, 1984, 1986, 1987

Mäßig: 1972

Valpolicella (Venetien)

Ausgezeichnet: 1964

Sehr gut: 1952, 1953, 1955, 1957, 1958, 1961, 1962, 1967, 1969, 1977, 1979, 1983, 1985

Gut: 1956, 1959, 1966, 1968, 1970, 1971, 1973, 1974, 1976, 1978, 1980, 1981, 1982, 1984, 1986, 1987, 1988

Mäßig: 1951, 1954, 1960, 1963, 1965, bis schlecht: 1972, 1975

Brunello di Montalcino (Toskana)

Ausgezeichnet: 1945, 1955, 1961, 1964, 1970, 1975, 1982, 1985

Sehr gut: 1946, 1951, 1957, 1958, 1966, 1967, 1971, 1977, 1978, 1979, 1980, 1983

Gut: 1968, 1973, 1981, 1986

Mäßig: 1969, 1974

Schlecht: 1972, 1976, 1984

Chianti (Toskana)

Ausgezeichnet: 1985

Sehr gut: 1970, 1971, 1978, 1979, 1983

Gut: 1975, 1977, 1980, 1982, 1986, 1987, 1988

Mäßig: 1972, 1973, 1974, 1981

Schlecht: 1976, 1984

Chianti Classico (Toskana)

Ausgezeichnet: 1967, 1971, 1978, 1985

Sehr gut: 1958, 1962, 1964, 1969, 1970, 1975, 1977, 1979, 1980, 1982, 1983

Gut: 1957, 1966, 1968, 1974, 1981, 1986, 1987, 1988

Mäßig: 1959, 1961, 1965, 1972, 1973, 1976

Schlecht: 1960, 1963, 1984

Vino Nobile di Montepulciano (Toskana)

Ausgezeichnet: 1958, 1962, 1967, 1970, 1975, 1976, 1985

Sehr gut: 1947, 1952, 1954, 1961, 1964, 1968, 1973, 1977, 1979, 1981, 1982, 1983

Gut: 1949, 1951, 1957, 1966, 1969, 1974, 1978, 1980, 1986, 1987, 1988

Mäßig: 1948, 1950, 1953, 1955, 1956, 1960, 1971, 1972

Schlecht: 1959, 1963, 1965, 1984

Orvieto (Umbrien)

Ausgezeichnet: 1986

Sehr gut: 1971, 1973, 1974, 1977, 1978

Gut: 1970, 1975, 1979, 1980, 1981, 1983, 1985

Mäßig: 1972, 1982, 1984

Schlecht: 1976

Frascati (Latium)

Ausgezeichnet: 1962

Sehr gut: 1961, 1968, 1970, 1978, 1979, 1983, 1985

Gut: 1960, 1964, 1966, 1967, 1969, 1971, 1973, 1975, 1977, 1980, 1981, 1983

Mäßig: 1965, 1972, 1974, 1976, 1982, 1984

Schlecht: 1963

ÖSTERREICHISCHE WEINE

Seit 1. November 1985 (novelliert 1986, 1987 und 1988) hat Österreich ein neues Weingesetz, das wohl zu den strengsten Gesetzen dieser Art in Europa zählt.

Das österreichische Weingesetz unterscheidet drei *Qualitätskategorien:*

- Tafelwein und Landwein
- Qualitätswein einschließlich Kabinettwein (letzterer mit Mindestmostgewicht 17° KMW* = 84° Oechsle)
- Qualitätswein besonderer Reife und Leseart (Prädikatswein):

● Spätlese (mit Mindestmostgewicht von 19° KMW = 94° (Oechsle)

● Auslese (mit Mindestmostgewicht von 21° KMW = 105° Oechsle)

● Beerenauslese (mit Mindestmostgewicht von 25° KMW = 127° Oechsle)

● Ausbruch (mit Mindestmostgewicht von 27° KMW = 138° Oechsle)

● Trockenbeerenauslese (mit Mindestmostgewicht von 30° KMW = 156° Oechsle)

● Eiswein (mit Mindestmostgewicht von 22° KMW = 110'5° Oechsle

Wesentlich bei den Prädikatsweinen und beim Kabinettwein ist, daß der Most zur Herstellung dieser Weine nicht mit Zucker oder Traubendicksaft aufgebessert und eine Restsüße nur durch Gärungsunterbrechung erzeugt werden darf.

Nach dem neuen Weingesetz muß in Zukunft jeder neu abgefüllte österreichische Wein mit einem *Flaschenetikett* versehen sein, das folgende Angaben aufweist:

- Bezeichnung «Österreichischer Wein», «Wein aus Österreich» oder «Österreich»
- Qualitätsstufe (z. B. Tafelwein, Qualitätswein etc.)
- Erzeuger, Abfüller oder Verkäufer
- Alkoholgehalt

---

*KMW = natürlicher Zuckergehalt des Mostes, ausgedrückt in Graden der Klosterneuburger Mostwaage

- Deklaration des im Wein vorhandenen Restzucker-
  gehaltes: Trocken oder für Diabetiker geeignet (bis
  4 g), halbtrocken (bis 9 g), lieblich oder halbsüß
  (bis 18 g) und süß (über 18 g)
- Ein allfälliger Verschnitt von in- und ausländischen
  Weinen
- Sorten- und Jahrgangsbezeichnungen bei allen Prädikatsweinen (obligatorisch); für alle anderen
  Weine nur dann (fakultativ), wenn der Wein zu-
  mindest zu 85% aus der genannten Rebsorte oder
  dem Jahrgang stammt
- Örtliche Herkunftsbezeichnungen dürfen auf dem
  Etikett nur dann aufscheinen, wenn der Wein zu
  100% aus dem genannten örtlichen Bereich (z. B.
  Weinbauregion, Weinbaugebiet, Großlage, Ge-
  meinde, Flur etc.) oder aus einem angrenzenden
  Bereich stammt
- Qualitätsweine müssen die Bezeichnung «Quali-
  tätswein mit staatlicher Prüfnummer» tragen.
- Weitere mögliche Etiketten-Bezeichnungen sind:
  Heuriger, Schilcher, Bergwein, Hauerabfüllung,
  Gutsabfüllung, Erzeugerabfüllung

Jeder abgefüllte österreichische Flaschenwein muß
künftig beim Export über der Flaschenöffnung eine
Banderole mit einer registrierten Nummer zur Iden-
tifizierung des Abfüllers (rot-weiß-rote Banderole)
und beim österreichischen Qualitätswein außerdem
noch eine staatliche Prüfnummer tragen. Anstelle dieser Banderolen können auch die notwendigen Kenn-
ziffern in die Flaschenkapseln eingedruckt werden.
Nur beim Flaschenverkauf im Inland (nicht im Export)
dürfen Kleinbetriebe (unter 45 000 Liter Weinerzeu-
gung im Jahr) anstelle der Banderole ein Kontrollzeichen mit fortlaufender Kontrollnummer (sogenanntes
«Pickerl») tragen, das einfach auf das Etikett oder auf
die Flasche aufgeklebt wird. Kleinbetriebe dürfen
auch anstatt dieser Kontrollzeichen («Pickerl») Hals-
schleifen auf den Flaschen mit eingedruckten Kennzif-
fern verwenden.

Jahrgangsbeurteilung:

Wachau, Kamptal-Donauland, Donauland-Carnuntum
(früher: Wachau, Krems und Langenlois, Klosterneuburg)

Ausgezeichnet: 1969, 1983, 1986

Sehr gut:	1953, 1956, 1959, 1961, 1964, 1966, 1968, 1971, 1973, 1977, 1979, 1981, 1985, 1988
Gut:	1950, 1952, 1957, 1958, 1960, 1962, 1963, 1967, 1970, 1974, 1975, 1976, 1982, 1987
Mäßig:	1951, 1954, 1955, 1972, 1978, 1980, 1984
Schlecht:	1965

Weinviertel (früher: Retz und Falkenstein)

Ausgezeichnet: 1969, 1977, 1986

Sehr gut:	1953, 1956, 1959, 1961, 1964, 1968, 1971, 1979, 1981, 1983, 1985, 1988
Gut:	1950, 1952, 1957, 1958, 1960, 1962, 1963, 1966, 1967, 1970, 1973, 1974, 1975, 1976, 1982, 1987
Mäßig:	1951, 1954, 1955, 1972, 1978, 1980, 1984
Schlecht:	1965

Thermenregion (früher: Gumpoldskirchen und Vöslau)

Ausgezeichnet: 1969, 1979, 1983, 1986

Sehr gut:	1953, 1956, 1959, 1961, 1964, 1968, 1971, 1973, 1974, 1977, 1981, 1985
Gut:	1950, 1952, 1957, 1958, 1960, 1962, 1963, 1966, 1967, 1970, 1975, 1976, 1978, 1982, 1987, 1988
Mäßig:	1951, 1954, 1955, 1972, 1980, 1984
Schlecht:	1965

Burgenland

Ausgezeichnet: 1969, 1973, 1983, 1986

Sehr gut: 1953, 1956, 1958, 1959, 1961,
1962, 1963, 1964, 1967, 1971,
1979, 1981, 1985, 1988 (teilweise)

Gut: 1950, 1951, 1952, 1954, 1955,
1957, 1960, 1966, 1968, 1974,
1975, 1976, 1977, 1980, 1982,
1987, 1988 (teilweise)

Mäßig: 1970, 1972, 1978, 1984

Schlecht: 1965

Steiermark

Ausgezeichnet: 1971, 1973, 1983, 1986

Sehr gut: 1950, 1961, 1968, 1975, 1976, 1977,
1979, 1981, 1985, 1988

Gut: 1952, 1953, 1956, 1957, 1958, 1959,
1963, 1964, 1966, 1967, 1969, 1970,
1974, 1978, 1982, 1987

Mäßig: 1951, 1955, 1960, 1962, 1965, 1972,
1980, 1984

Schlecht: 1954

Wien

Ausgezeichnet: 1956, 1969, 1977, 1979, 1983, 1986

Sehr gut: 1950, 1952, 1953, 1959, 1961, 1962,
1963, 1967, 1968, 1971, 1973, 1981,
1985, 1988

Gut: 1951, 1954, 1955, 1957, 1958, 1960,
1964, 1966, 1974, 1975, 1978, 1982,
1987

Mäßig: 1965, 1970, 1972, 1976, 1980, 1984

Schlecht: –

SCHWEIZER WEINE

Die Schweizer Weingesetzgebung, die sich weitgehend auf die Lebensmittelverordnung aufbaut, unterscheidet nicht zwischen Tisch-/Tafelwein oder Qualitätswein-Rebsorte, sondern legt nur die Bezeichnung Wein präzise fest. Alle Weinangaben wie Herkunft, Ursprung, Rebensorte, Jahrgang, Bereitungsart, Qualitätsumschreibung, Alkoholgehalt sowie sonstige wichtige Hinweise müssen wahrheitsgetreu auf dem Flaschenetikett aufscheinen. So gibt es auch keine Klassifizierung nach Ursprungsgebieten (wie z. B. in Frankreich die Appellation côntrolée), dafür aber geschützte Wortmarken für Weine aus bestimmten Kantonen und aus bestimmten Traubensorten, für die überdurchschnittliche Qualitätsanforderungen gelten.

Die wichtigsten geschützten Wortmarken und Spezialbenennungen in der Schweiz sind:

Dôle: Meist aus einem Traubengemisch von Pinot noir (mindestens 51%) und Gamay, selten auch nur aus der Pinot noir-Traube allein gewonnener Rotwein aus dem *Wallis* mit mindestens 83° Oechsle in Normaljahren. Er unterliegt bestimmten offiziellen Qualitätskontrollen.

Goron: Ein meist aus einem Traubengemisch von Pinot noir und Gamay gekelterter leichter und süffiger Rotwein aus dem *Wallis*, der die für den Dôle geltenden Minimalwerte (83° Oechsle) nicht erreicht hat.

Salvagnin: Eine Sammel- und Qualitätsbezeichnung für Rotweine (aus einem Traubengemisch von Pinot noir und Gamay oder auch reinsortig aus diesen Traubensorten gewonnen) aus der *Waadt*, die einer Qualitätsauslese durch eine Degustationskommission unterzogen worden sind.

Dorin: Eine Sammelbezeichnung für *Waadtländer* Weißweine, die aus Trauben der Rebsorte Gutedel (Chasselas) erzeugt werden.

Terravin: Eine Qualitätsbezeichnung von Spitzen-Dorins aus dem Kanton *Waadt*, die von einer Degustationskommission als ausgezeichnet beurteilt wurden.

Fendant: Eine Sammelbezeichnung für Chasselas-(Gutedel-)Weine, die ausschließlich im *Wallis* hergestellt werden.

Perlan: Aus der Traubensorte Gutedel (Chasselas) gewonnene Weißweine aus dem Kanton *Genf.*

Johannisberg: Aus der Rebsorte Sylvaner gewonnene Weißweine aus dem *Wallis.*

Schiller: Eine *Bündner* Spezialität aus Chur, die eigentlich keine Weinsorte ist, sondern im gemischten Satz aus blauem und weißem Traubengut (kein Weinverschnitt) nach Art des Süßdruckes (Rosé) gekeltert wird.

Süßdruck (Kretzer, Rosé, Rosato): Ein Roséwein, aus Pinot noir- oder Gamay-Trauben erzeugt.

Federweißer (Clairet, Weißherbst): Weißweine aus der *Ostschweiz*, die aus blauen Trauben hergestellt werden.

Flétri oder **Mi-Flétri**: Süße Ausleseweine (Dessertweine), die aus einem Traubengut mit sogenannter Edelfäule hergestellt werden und oft einen beträchtlichen natürlichen Restzuckergehalt aufweisen.

VITI: Eine Qualitätsmarke für besonders gute Merlotweine aus dem *Tessin*, die von einer Degustationskommission geprüft worden sind.

Winzerwy (Winzer-Wy): Ein Qualitätszeichen für *Ostschweizer* Weine, die sortentypisch hergestellt und von einer Degustationskommission als ausgezeichnet beurteilt wurden.

Jahrgangsbeurteilung:

Wallis

Ausgezeichnet: 1966, 1971

Sehr gut:	1964, 1967, 1969, 1976, 1979, 1981, 1983, 1984, 1986
Gut:	1972, 1975, 1978, 1982, 1985
Mäßig:	1963, 1968, 1970, 1973, 1974, 1977
Schlecht:	1965, 1980

Waadt

Ausgezeichnet: 1966, 1971

Sehr gut: 1964, 1969, 1976, 1979, 1981, 1983, 1984

Gut: 1967, 1974, 1985, 1986

Mäßig: 1963, 1970, 1972, 1973, 1975, 1977, 1978, 1982

Schlecht: 1965, 1968, 1980

Neuenburg (Neuchâtel)

Sehr gut: 1964, 1976, 1979, 1981, 1986

Gut: 1966, 1971, 1973, 1983, 1984, 1985

Mäßig: 1963, 1967, 1969, 1970, 1974, 1975, 1978, 1982

Schlecht: 1965, 1968, 1972, 1977, 1980

Genf

Ausgezeichnet: 1964

Sehr gut: 1966, 1971, 1976, 1979, 1981

Gut: 1963, 1969, 1970, 1983, 1984, 1985, 1986

Mäßig: 1967, 1972, 1973, 1974, 1975, 1977, 1978, 1982

Schlecht: 1965, 1968, 1980

Graubünden

Ausgezeichnet: 1964, 1969, 1971

Sehr gut: 1967, 1983, 1986

Gut: 1963, 1966, 1968, 1975, 1977, 1979, 1981, 1984, 1985

Mäßig: 1965, 1970, 1972, 1973, 1980, 1982

Schlecht: 1974, 1976, 1978

St. Gallen

Ausgezeichnet: 1969

| Sehr gut: | 1964, 1971, 1979, 1985, 1986 |

| Gut: | 1963, 1965, 1966, 1968, 1970, 1975, 1980, 1981, 1983, 1984 |

| Mäßig: | 1967, 1972, 1977, 1982 |

| Schlecht: | 1973, 1974, 1976, 1978 |

Schaffhausen

Ausgezeichnet: –

| Sehr gut: | 1963, 1967, 1969, 1971, 1979, 1981 |

| Gut: | 1966, 1968, 1975, 1980, 1983, 1985, 1986 |

| Mäßig: | 1965, 1970, 1972, 1973, 1976, 1977, 1982, 1984 |

| Schlecht: | 1974, 1978 |

Zürich

Ausgezeichnet: 1969, 1971

| Sehr gut: | 1964, 1979, 1983, 1985 |

| Gut: | 1963, 1966, 1967, 1972, 1977, 1981, 1986 |

| Mäßig: | 1965, 1968, 1973, 1975, 1980, 1982, 1984 |

| Schlecht: | 1970, 1974, 1976, 1978 |

Tessin

Ausgezeichnet: 1964, 1969, 1971, 1978

| Sehr gut: | 1966, 1967, 1974, 1976, 1980, 1985, 1986 |

| Gut: | 1968, 1972, 1973, 1975, 1979, 1981, 1983, 1984 |

| Mäßig: | 1963, 1970 |

| Schlecht: | 1965, 1977, 1982 |

(Entnommen aus der VINAGENDA 1986/87 mit dem Einverständnis der St. Jakobskellerei, Seewen-Schwyz)

SPEISENREGISTER

173